なぜ本を踏んではいけないのか

人格読書法のすすめ

齋藤 孝

草思社文庫

なぜ本を踏んではいけないのか――目次

第二章　本を味わい尽くすには　105

第三章 人格読書法で得られる境地とは 161

第四章　齋藤流読書案内　199

序章　なぜ本を踏んではいけないのか

本には著者の人格が宿っている

私は一年間に三六五冊以上の本を買っている。一日に一冊以上の本を買っていることになるが、そんなことをずっとつづけているので、本棚が一つまた一つと増えて、ついには収まりきらずに本が床に散乱しているありさまである。

こんな状態だと、うっかり本を踏んでしまうところだが、私は小さいころから「本を踏んではいけない」と教えられて育ったので、床にある本を踏みそうになっても、踏まないように本を避けて着地できている。

以前、本をテーマにしたＮＨＫの番組に出演したおり、私が「なぜ本を踏んではいけないのかわかりますか」と番組スタッフに問いかけたところ、「そういえば本って踏まないですよね」と、興味を示してくれた。そして番組の終わりに、「先生の話を聞いて、そのわけがわかりました！」と、一同腑《ふ》に落ちてもらえた。

本は踏んだからといって読めなくなるものではない。破ったりしたら読めなくなるが、踏んでも、めったなことでは壊れない。なのに、なぜ本を踏んではいけないのか。

昔の人は「畳の縁《へり》を足で踏むな」「枕を足で踏むな」などと子どもに諭した。一般的に、物を踏むという行為は、その物を大切にしていない、ぞんざいに扱ってもかまわないという気持ちの表れとされる。しかし、本を踏んではいけない理由にはもっと深いものがある。

それは、「本には人格がある」からである。

本には著者の生命と尊厳が込められている。著者そのものがそこに生きているようなものなので、本を踏むことは、著者の人格を踏みにじるに等しい行為なのである。

本書の「なぜ本を踏んではいけないのか」という問いは、端的に言ってしまえば、そういうことなのである。「なんだそんなことか」と言う人がいるかもしれないが、このことは、みなさんが考えている以上に重要な意味を持っている。

私は、本を読むという行為は、著者の人格の継承、先導者《メンター》の精神の継承にあると考える。本当によい本は、文章に著者の息づかいが込められている。感情の起伏も文章に表れる。気概や志《こころざし》にいたっては、濃密に凝縮されている。本を読むという行為はそれらを自分の体に刻み込むことにある。
私はこれを「人格読書法」と呼んでいる。

本は思考力、人間力を深めてくれる

今の時代、「読書とは何か?」と尋ねたら、「情報や知識を得る手段」と答える人が少なくないであろう。たしかに本は情報を得るための優れた媒体である。本を読むことで情報や知識をたくわえることができる。読書は情報入手の手段となっている。

一方で、「インターネットで情報を入手するから本はいらない」という風潮も広がっている。インターネットの隆盛によって、すべてを情報として見る見方がどんどん進んでいる。自分に必要な情報を素早く切り取り、それらを総合する力は、これからの社会ではますます不可欠になっていくであろう。しかし、断片的な情報を処理し総合するだけでは、深い思考力や人間性・人間力は十分にはつちかわれない。

私は「本を読むからこそ思考力も、人間性や人間力も深まる」と考える。人間の総合的な成長は、優れた人間との対話を通じてはぐくまれる。しかし、身近に先導者と呼べるような優れた人がいるとはかぎらないが、本であれば、いつでもどこでも優れた人と「対話」できる。この出合いが、向上心を刺激し、思考力や人間性を高めることにつながる。

著者が目の前にいるわけではないが、優れた人格を持った人が、努力に努力を重ねて到達した認識を、読み手である私たちに、ていねいに、深く静かに、語りかけてくれる。私は本を読むとき、著者が自分一人に向かって語りかけてくれているように感じながら読むようにしている。

著者の凝縮した話を独り占めにして聴くことができるのは、なんとぜいたくな時間であろうか。だから、本はけっして高価ではない。

本は「モノ」ではない。本を著者そのもの、著者の人格の表れと思って読むことは、本の効用を格段に高めてくれる。著者と一対一で過ごした時間は、自分にとって貴重なものとなる。

デカルトは『方法序説』のなかで言っている。
「すべて良書を読むことは、著者である過去の世紀の一流の人びとと親しく語り合うようなもので、しかもその会話は、かれらの思想の最上のものだけを見せてくれる、入念な準備のなされたものだ」（岩波文庫、谷川多佳子訳）

「踏み絵」はなぜできないのか

「なぜ本を踏んではいけないか」――このことは、「本の中の本」（The book of books）と言われる『聖書』を考えてみるとわかりやすい。

キリスト教が禁止された江戸時代、キリシタン（キリスト教徒）でないことを証明するために、キリストや聖母マリアが描かれた絵像を踏むように強制された。ご存じのように、これを「踏み絵」と言う。

人の信心深さを逆手にとって、「キリスト信仰がないというのなら踏んでみろ」というやり方は、人の心の奥底にある信仰心を明るみに出すためのすさまじい工夫であった。

キリスト像や幼子イエスを抱いているマリア像を足で踏むことは、イエスや聖母マリアを全否定することになる。踏んだという事実が、生涯の信仰生活において、自分の心の傷となって残りつづけてしまう。

キリスト像を踏むか踏まないかは死と隣り合わせの選択であった。踏まないという選択をすれば「死」が待っている。踏むという選択をすれば信仰の放棄であり、「魂の死」を意味する。今の人から見れば死罪を免れるためなら、「踏む」ぐらいはいいのではとも思うが、古今、人間の「踏む」という行為には「侮辱」と同じ意味があるのである。

キリスト像や聖母マリア像と同じように、『聖書』を踏むことは、キリスト教徒ならずとも躊躇《ちゆうちよ》する。

もっと身近なところでいうと、親の写真が踏めるであろうか。親にかぎらず、たとえ他人の写真であっても、踏むのは躊躇する。それは写真には人格が宿っているからである。

本も同じである。著者の人格が宿っているから、もし本を踏むように強制されたとしても、私は踏むことができない。

本には著者の人格が宿っていて、その本が読み継がれることで、私たちは連綿《れんめん》と「魂を継承」してきた。その典型が『聖書』なのである。

本は絶滅危惧種になるのか

本には人格があり、本を読むという行為は「魂の継承」であり、そのことを通して思考力や人間性を深めることができると書いたが、本と同じ活字媒体の新聞や雑誌はどうだろうか。

新聞は記者や寄稿者が文章を書いているが、踏むことができる。もちろん意図的ではないが、私も新聞を踏んでしまうことがある。また、キャンプのときに新聞紙をくべて燃やしたり、箱詰めにするときに詰めものとして丸めて使ったり、寒さをしのぐのにも使えるし、包み紙にもなる。同じ活字媒体なのに、本とちがって新聞は踏むことができる。

雑誌はどうだろうか。

雑誌も新聞と同じで記者や寄稿者が文章を書いている。ただ、冊子という形態になっているので、新聞よりは本に近い。しかし、雑誌を踏んでも、本を踏んだときのような罪悪感はない。もちろん意図して踏むわけではないが、本のときのような罪悪感はない。

本と新聞や雑誌とでは何がちがうのか。その分かれ目は「単一な人格性」「純粋な人格性」が高いかどうかによるのである。

新聞や雑誌は複数の人がさまざまなことを書いているから、一人の著者の人格という一貫性を有していない。そこが新聞や雑誌の面白さだが、著者性が薄れているぶん、踏んでも本ほどには罪悪感がないのである。

それに対して本は、著者の人格が一貫して表されているので、「著者の人格が表れていればいるほど踏めない」のである。

「本には著者の人格が宿っている」。それはなにものにも代えがたい宝物であるという意識が、有史以来つづいてきて、それが私たちの中にも流れ込んでいる。

ところが、これからの世代は、本を踏むことに罪悪感を持たなくなるのではないかと私は危惧《きぐ》している。というより、もう踏んでもなんとも思わない人が育っているのかもしれない。

本を読むという行為を情報や知識の入手の手段としてだけとらえると、いったん情報を入手してしまえば不要になったり、情報や知識が古くなってしまうこともある。

それよりなにより、最近は、身のまわりに本がないことが大問題である。踏んではいけないはずの本がそもそも部屋にない。私はこのような状況を憂いている。日ごろ大学生と接していて、「本を使って勉強している」学生はいるが、「勉強とは関係のない本を読んでいる」学生は年々少なくなっている。

二〇一八年に大学生協が発表した報告書によると、一か月に一冊も本を読まない大学生の割合がついに五〇パーセントを超えたという。つまり、大学生の半数以上が本を読むという習慣を持っていないのである。むずかしい本、分厚い本、漢字の多い本、文体が硬い本に至っては、あきらかに嫌われている。

紙の本はいずれ〝絶滅危惧種〟になるとも言われる。しかし、私はそうは思わない。人間が生きていくには酸素が必要なように、本はこれからも私たちにとって欠くことのできない「精神の糧《かて》」でありつづけると思っている。本を読むという営みは、たんなる情報摂取ではなく、生きていくために必要な「糧」を得るためのものだからである。

読書は自分をつくる最良の方法

自分探しということがよく言われるが、「自分は本当に何をしたいのか」「自分は向上しているのか」といった問いを自分に向けて、内面に向かって追求していくだけでは、タマネギの皮をむくように、いくらむいても何も得られなかったということになりかねない。

しかし、本を読むという行為によって優れた相手と出合えれば、著者のこまかな思考内容までが自分の内側に入ってくる。本というかたちで著者が練りあげた考えを述べている言葉は、深く心に入ってくるのである。

本を読むという行為は情報摂取のためばかりでなく、思考力を鍛え、人間性を深めてくれると書いたが、私自身、自分の思考力の重要な部分を読書経験に負っていることをはっきりと感じている。

読書は「自分をつくる最良の方法」なのである。自分の世界観や価値観を形成し、自分自身の世界をつくっていく。こうした自己形成のプロセスに欠かせないのが本に出合うことなのである。

だから、自分探しをしている暇があったら、本を読んでほしい。

ところが、一九八〇年代以降は、自己形成を軽んじる傾向が加速して、まじめなのはくだらない、楽しければいいという風潮がどんどん広がっていった。

しかし、私は自身の体験から、自己形成が本を読むことによってなされると感じている。ものを考えるときに、本を読んでつちかわれた思考力が生きてくる。人と対話するときにも、本を読んだ経験が大きくプラスに働いている。

こんなふうに、私はたくさんの本を読んで得たさまざまな力を日々活用しているので、ぜひ本を読んでほしい。

本が本棚からあふれてしまうぐらいの生活、こうなってこそ知的な生活と言える。

だから、なぜ本を踏んではいけないのかという問いかけにピンとこない方は、読書が情報を得る手段だけになっていないかを省み、このままでは人として生まれた甲斐がないと思い至ってほしい。本を踏んではいけないと言えるほどに、床に本が散乱している状態をつくってほしい。

私たちはオリンピックやワールドカップで世界の一流アスリートの活躍を目にして、すごいなと思う。それと同じで、書店や図書館に行けば、本の世界の一流プレーヤーに出合うことができる。岩波文庫を例にとれば、古今東西の豪華オールスターキャストが集結している。ならば、この「知の祭典」を楽しまない手はない。

読書は読み手の生き方や考え方の「軸」をつくってくれる。だから、本を読むことはとても大切なのである。本はけっして門前払いをしないから、優れた人（著者）の家（本）の「門を叩く」というかまえを持ってほしい。

本を中心にして私たちは文明をつくってきたのであるから、文明人であり、近代人、現代人であるための当たり前の素養として、踏んではいけない本というものに囲まれながら生きていく。それは精神文化の継承を本を中心にしてなしていくというライフスタイルである。私は、クラウドコンピューティングの時代に、あえてこのライフスタイルを提言したい。

この本では、本はなぜ存在するのか、本を味わい尽くすにはどうしたらよいか、人格読書法にはどんな効能があるかなどを、私自身の読書歴の一部をたどりつつ述べていきたい。

第一章

なぜ本は存在するのか

人間は本で何を残そうとしてきたか

人類の最も古い物語は紀元前三千年紀（紀元前三〇〇〇～紀元前二〇〇一年）に編纂されたとされる『ギルガメシュ叙事詩』ではないか。メソポタミアで粘土板に楔形《くさびがた》文字で書かれたもので、まだ本という形はとってはいないが、いわば本の原形のようなものである。

文字によって何かを記録するという行為はこうして始まり、書き記す価値のあるものを粘土板や竹簡《ちくかん》・木簡《もっかん》（中国）、パピルス（エジプト）、羊皮紙《ようひし》などに記し、形状も巻物状から冊子状へと変化していった。

『ギルガメシュ叙事詩』は、古代メソポタミアのシュメール王朝時代の伝説の王ギルガメシュの遍歴や苦難の歴史を物語風に述べたもの。十九世紀中ごろから粘土板が発見されるようになり、やがて解読され翻訳され、今日のように読めるようになったのは、二十世紀初め以降のことである。

『ギルガメシュ叙事詩』には『旧約聖書』の「ノアの箱舟」のようなエピソード

が書かれていて、『旧約聖書』よりはるかに古い人類の記憶が遺されている。
「ニシル山に船はとどまった／（略）七日目がやって来ると／私は鳩を解き放してやった／鳩は立ち去ったが、舞いもどって来た／休み場所が見あたらないので、帰ってきた」（ちくま学芸文庫、矢島文夫訳）
『聖書』が世界最古の本であると信じていたヨーロッパの人たちは、このように「ノアの箱舟」に先行する記述があったことにさぞかし驚いたことであろう。

楔形文字で粘土板に刻まれた
ギルガメシュ叙事詩の一部

人間は本という形をとって何を残そうとしてきたのか。

それは、王朝の盛衰や偉大な王の事績、さらには民衆が被った恐ろしい災難などである。文字は最初は徴税の記録などに使われたが、それとともに後世に伝えたい歴史や、苦難を乗り越えた叡智《えいち》などが書き記されていたのである。

「なぜ本を踏んではいけないのか」を考えるとき、古代から伝わる人類の記憶がそこにあり、先人の言い伝え、教えにかしこまる、畏《おそ》れるという姿勢がわれわれにあることがその一因である。つまり、本に対して「畏怖の念」がわれわれにはあったのである。

ところが、本はいま急速にモノとしての消費物になってきて、本への畏怖が薄れつつあると言ってもいい状況にある。

『ギルガメシュ叙事詩』は、英雄が苦難を重ねて帰還するとか、友情を築くとか、死と向き合うといったテーマの神話（たとえばギリシア神話の『オデュッセイア』）の原型になったという点でも価値が高い。

楔形文字で記した人たちの気持ちを考えると、それが数千年たって私たちが読めるということは非常に感動的な出来事なのである。『ギルガメシュ叙事詩』はちくま学芸文庫などで読むことができる。

『ギルガメシュ叙事詩』は五千年も前に書かれたという、途方もない年月だけでも鳥肌ものだが、これがやがて美しい絵本としてよみがえり、われわれにも手近に読めるようになった。ルドミラ・ゼーマンの『ギルガメシュ王ものがたり』『ギルガメシュ王のたたかい』『ギルガメシュ王さいごの旅』の三部作（岩波書店）である。

友情と恋愛、英雄物語、生と死の物語、悪との戦い、旅などをテーマにして編んだもので、物語の原型がほとんどと言っていいほど入っている。著者の手になる絵も、一枚一枚が壁画のようで、色遣いも素晴らしいし、ユーモアも感じられる。訳文も文語体の迫力をところどころに生かしていて、申し分ない。

私は私の子どもが小さいころに読み聞かせていた。というより、私自身がギルガメシュの世界にはまっていた。

「書き写さなければ」という衝動――写本

かつて本は貴重品であり、筆記して写すことでしか手に入らなかった。だから、写本《しゃほん》という形態がふつうだった。本は書き写してでも入手したい貴重なものだったのである。まだ印刷技術がない時代の人たちには、途方もない労力を費やしてでも「書き写さなければ」という衝動があった。

写本といえば、福澤諭吉は江戸時代の末、『築城書《ちくじようしよ》』というオランダ語の築城学の教科書を書き写している。

諭吉が仕える中津藩の奥平壱岐《おくだいらいき》が長崎から持ち帰ったオランダ語原書は二十三両で手に入れたもの。貧乏書生の諭吉に買い取ることなどできるはずはないし、貸し出してくれる気配もない。

そこで、せめて図と目録だけでも一通り拝見したいものですと頼み込んで借り受け、いっさい来客に会わず、昼夜を分かたず根《こん》のかぎりを尽くして、二〇〇頁あまりすべてを書き写した。

貴重品であり高価であるから、書き写す以外に手はない。今では想像もできないが、そんな時代がずっとあったのである。

その後、諭吉は大坂（大阪）の緒方洪庵《こうあん》が主宰《しゆさい》する適塾《てきじゆく》（適々斎塾、適々塾）でふたたび学ぶことになるが、学費を払う余裕がなかった。

そこで「実はこういう築城書を盗写《ぬすみうつ》してこの通り持って参りました」と洪庵に言ったところ、「学費のないということは明白に分《わか》ったから、私が世話をしてやりたい、けれども外《ほか》の書生に対して何かお前一人に贔屓《ひいき》するようにあっては宜《よ》くない。待て〱。その原書は面白い。ついては乃公《おれ》がお前に言い付けてこの原書を訳させると、こういうことにしよう、そのつもりでいなさい」（『福翁《ふくおう》自伝』岩波文庫）と洪庵は言った。

こうして諭吉は、ひそかに筆写したオランダ語の『築城書』を翻訳するという名目で適塾の食客《しょっかく》（住み込み学生）として学ぶことになった。

諭吉は『福翁自伝』のなかで、こう述べている。

「西洋日進の書を読むことは日本国中の人に出来ないことだ、自分たちの仲間（引用者注—蘭学書生）に限って斯様《コン》なことが出来る」。そして薬にたとえて、「たとえばこの薬は何に利《き》くか知らぬけれども、自分たちより外《ほか》にこんな苦い薬を能《よ》く呑む者はなかろうという見識で、（略）苦ければもっと呑んでやるというくらいの血気であったに違いはない」と書いている。

この『福翁自伝』の逸話からも、本は限られた者しか目にすることができなかったので、そんななかで自分のものにするために、血をたぎらせて筆写し、翻訳したことがよくわかる。

博物学者にして生物学者であり、民俗学者でもあった南方熊楠《みなかたくまぐす》（一八六七〜一九四一年）は、子どものころから本が好きだったが、貧乏で本が買えない。そこで、七歳のころから書物を持つ家を訪ねては書き写し、くり返し読んでいた。そして、八、九歳のころになると、町内の蔵書家を訪ねて、『和漢三才図会《わかんさんさいずえ》』という江戸時代中期に編纂された百科事典を借り受けて記憶して筆写を始め、十代のなかばに全一〇五巻の筆写を終えた。しかも、文章だけでなく図まで描いたというのだから、恐ろしいまでの記憶力であり、本にかける圧倒的なエネルギーに驚かされる。

さらに、明治中期にロンドンに渡ったときには、大英博物館に通って、民俗学や自然科学の本や文献などをひたすら書き写した。こうして五年の年月を費や

南方熊楠「ロンドン抜書」

した筆写ノート「ロンドン抜書《ぬきがき》」は、五二冊（一万頁）にもなった。

南方熊楠のこうしたエピソードを知ると、本との出合い方が、「消費物」、つまり「モノ」としての出合いではないことがわかる。

その本にしかない貴重なことが書かれていて、どうしても手に入れたいが、自分のものにならない。であるならば、一字一句覚えて家に帰って書きおこす。本にそそぐエネルギーが格段にちがっていたのである。

本は貴重なものだったので、書き写して記録することで連綿と受け継がれてきた。お経をかたわらにおいて書き写す写経《しゃきょう》にしろ、写本にしろ、書き写すことで、文章が自分の中に入ってきて、血となり肉となるという効用もあったのである。

本を読むことが生きるエネルギー

平安時代中期に著された紫式部の『源氏物語』も、写本の数には限りがあり、貴重なものであった。

『更級日記《さらしな》』の作者の菅原孝標女《すがわらのたかすえのむすめ》は、父の任地から京にもどったばかりの少女。『源氏物語』を読みたいと憧れて、「『源氏物語』を、どうか一帖からすべてお見せください」と願うものの、貴重な『源氏物語』はなかなか手に入らないまま時が過ぎていく。

あるとき、伯母にあたる人が上京してきたので、孝標女が訪ねて行くと、「とてもかわいらしく成長したことね。欲しいと思っていらっしゃるものを差しあげましょう」と言って、『源氏物語』の五十余帖を、お櫃《ひつ》（ふたが上に開く大形の箱）に入ったままくださった。『更級日記』には、念願の『源氏物語』を手に入れて帰るときの孝標女の嬉しさが綴られている。

日本にも木版による印刷技術が中国から伝来したものの、木版印刷されたのは仏典や漢籍《かんせき》（中国の古典）が中心で、『源氏物語』のような文学作品は長らく「印刷」されることがなかった。

そのために、『源氏物語』は平安時代中期に著されてから江戸時代初期までは写本でしか読むことができなかった。手で書き写した写本をさらに写本するという苦労を重ねて今に『源氏物語』が伝わっている。

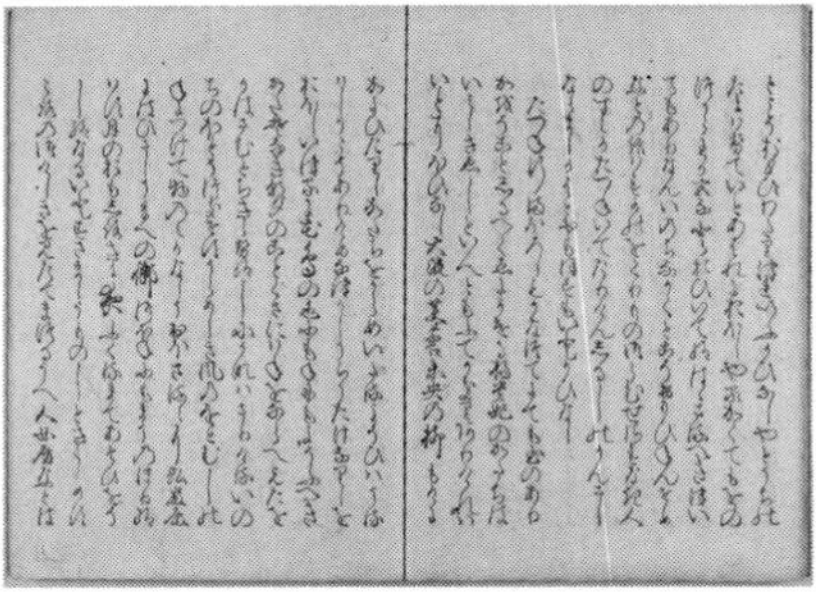

『源氏物語』写本（京都大学附属図書館）

余談だが、『源氏物語』の写本は一〇〇種類以上もあるとされるので、もしかしたら、「幻《まぼろし》」と「匂宮《におうみや》」の巻のあいだにおかれた、古来、巻名だけがあって本文のない「雲隠《くもがくれ》」の巻の写本が見つかるかもしれない。

先にも『源氏物語絵巻』で夕顔の死に光源氏が嘆き悲しむ場面の絵が発見されたという報道があ

った。

平安時代の貴族の娘である菅原孝標女でさえも『源氏物語』を読むことはなかなかかなわなかった。だから、貴重な本を読むこと自体が生きるエネルギーになったのである。

命がけでもたらされた本

子どものころに『西遊記』（岩波文庫、全十冊。子ども向けは岩波少年文庫などで読める）を読んだことがある人は多いだろう。唐の玄奘三蔵法師《げんじょうさんぞうほうし》（六〇二～六六四年）が、孫悟空《そんごくう》、猪八戒《ちょはっかい》、沙悟浄《さごじょう》を供に、さまざまな苦難にあいながら天竺《てんじく》（インド）へ行って数々の仏典を持ち帰った話である。

玄奘はなぜ命をかけてまで本（仏典）を求めたのか。命をかけてまで得る価値のあることがそれらの本に書かれていたからである。

これは史実にもとづいており、玄奘三蔵法師は六二九年に、仏典を求めて、仏の教えの大本《おおもと》を求めて、陸路インドに向かい、十六年後に六〇〇を超える仏典や仏像などを携えて帰還した。仏典を持ち帰るために、じつに足かけ十七年もかけたのである。数万キロにもおよぶ命がけの旅へと玄奘を駆り立てたものは「中国や東方の国々に仏教の深い優れた言葉を弘《ひろ》めたい」という熱い思いだった。

仏典を得た玄奘は、皇帝の庇護《ひご》のもとに多数の仏典を古代インド語であるサンスクリット語（梵語《ぼんご》）から漢訳するという、気の遠くなるような作業をおこなった。このインドへの旅は『大唐西域記《だいとうさいいきき》』（東洋文庫）として口述・筆録され、これを土台に物語化したのが『西遊記』と言われる。

このとき持ち帰った仏典のなかにはおなじみの『般若心経《はんにゃしんぎょう》』もある。これも玄奘によってサンスクリット語から漢訳されている。私もサンスクリット語の『般若心経』の朗誦《ろうしょう》を聴いたことがある。

『般若心経』は漢字にしてわずか三〇〇字足らずの短いものであるが、唱えると、仏の慈悲の力が自分を救ってくれる、あるいは、この世は何もない「空」なのだという達観した悟りの境地に至ることができるとされる。

玄奘の苦難の旅があったからこそ、私たちは『般若心経』になじむことができる。そう考えると、勇気をふるって命がけで本をもたらした人に対して畏敬の念が湧いてくる。

そうでなくても『般若心経』を踏める人はいないと思うが、踏みづらいのはそれが文化であり、文化というものは先人が大変なエネルギーをかけて、命がけで継承してきたということが背景にあるからである。

仏典の漢訳ということでは、鳩摩羅什《くまらじゆう》という人も忘れてはならない。玄奘三蔵法師と並ぶ訳経僧《やつきようそう》（経典の翻訳に従事する僧）で、訳経史上に一時代を画した人である。

鳩摩羅什は七歳で出家して仏教を学び、さらに北インドに学んだ。その後、中央アジア諸国をめぐり、のちに中国に招かれて長安《ちようあん》に行き、おびただしい数の経典を漢訳した。そのなかには、浄土真宗で重んじられる『阿弥陀経』や天台宗・日蓮宗で重視される『法華経』も含まれているので、日本にも大きな影響を与えたことになる。

書物を伝えること、そして翻訳することに命をかけた彼らがいたからこそ、私たちは仏典を読むことができるようになったのである。

小説ではあるが、井上靖の『天平《てんぴょう》の甍《いらか》』(新潮文庫)にも、仏教の戒律を日本にもたらすために奮闘した僧たちの姿が描かれている。遣唐使《けんとうし》として中国・唐に渡った学僧たちが、写本した経典を命をかけて持ち帰り、のちに唐招提寺《とうしょうだいじ》を創建する鑑真《がんじん》を渡来させたという史実にもとづく小説である。

「私の写したあの経典は日本の土を踏むと、自分で歩き出しますよ。私を棄《す》てて どんどん方々へ歩いて行きますよ。多勢の僧侶があれを読み、あれを写し、あれを学ぶ。仏陀《ぶつだ》の心が、仏陀の教えが正しく弘《ひろ》まって行く」

無事に経典を日本へ持ち帰れるかどうかわからない、持ち帰ったところで日本に生かすことができるかどうかわからない。それでも生涯をかけるほどに価値のあるものだったのである。

命がけで書かれた本

命をかけて仏典を持ち帰った学僧たちがいるかと思えば、命がけで書かれた本もある。ラス・カサスの『インディアスの破壊についての簡潔な報告』（岩波文庫）もその一つである。

ラス・カサスはスペインの宣教師。キリスト教化と文明化の名のもとにスペイン人征服者たちが南米でおこなっていることは、搾取とインディオ殺戮《さつりく》ではないかと、命がけで植民地の実態を告発した書で、植民地問題に関する古典でもある。「簡潔な報告」となっているが、岩波文庫版で正味一六〇頁を超える。

当時は、宣教と軍隊がセットになっていて、軍隊は力をもって民衆を制圧し、宣教師は彼らをキリスト教に改宗させることに躍起《やっき》になっていた。宣教師たちのあいだでは、野蛮人のような民衆にはこのやり方でいいのだという正当化がおこなわれていたのである。

ラス・カサスは現地でのそうした状況を目の当たりにして、良識を持ちつづけて、人道的に許されることではないと、自分が抹殺されるのも顧みず、その様子を包み隠さず書いた。

「この四〇年の間、また、今もなお、スペイン人たちはかつて人が見たことも読んだことも聞いたこともない種々様々な新しい残虐きわまりない手口を用いて、ひたすらインディオたちを斬り刻み、殺害し、苦しめ、拷問し、破滅へと追いやっている。例えば、われわれがはじめてエスパニョーラ島に上陸した時、島には約三〇〇万人のインディオが暮していたが、今では僅か二〇〇人ぐらいしか生き残っていないのである。（略）この四〇年間にキリスト教徒たちの暴虐的で極悪無慙《むざん》な所業のために男女、子供合わせて一二〇〇万人以上の人が残虐非道にも殺されたのはまったく確かなことである。それどころか、私は、一五〇〇万人以上のインディオが犠牲になったと言っても、真実間違いではないと思う」（染田秀藤訳）

一五四二年にスペイン本国で開かれた「インディアス評議会」に、『インディアスの破壊についての簡潔な報告』が提出されるや、植民地当局や植民者の憎悪《ぞうお》を買い、ラス・カサスは祖国スペインの裏切り者とみなされた。

侵略はいけないということもそうであるが、みんなが流されていくなかで「本当にこれは正しいことなのだろうか、これでいいのだろうか」と疑問を持った一人の宣教師が包み隠さず事実を記述し、報告したという勇気が素晴らしい。『インディアスの破壊についての簡潔な報告』は世界史の教科書などにもときどき出てくるが、読むと、歴史的事実が具体的にわかるきっかけにもなる。

スペインによる南米植民の研究書はたくさんあるが、当時、それを生身で見た人間の報告とはちがう。だから、どんな研究書がこれから出ようとも、スペインが当時、南米で何をしたかを自分の目で見た人が正直に書いたものは価値を失わない。

本は危険なものとして恐れられた――焚書坑儒

漢字が成立したときから、漢字には呪術的な力があるとされていた。

漢字の起源とされる甲骨文字は、亀の甲羅や動物の骨に占いのために刻まれたものだった。甲骨文字が使われたのは古代中国の殷《いん》（紀元前十七世紀～紀元前十一世紀）という王朝。この王朝の初期には純粋な占いとしての要素があったが、その後になると、甲骨占いが儀礼というかたちで政治的に利用されるようになって、当時の王は漢字を独占することで権力を維持していたのである。

マヤ文字もそうである。中米のユカタン半島で興ったマヤ文明で用いられた象形文字で、神官たちにより暦や歴史の記録として用いられたとされている。石碑に刻まれたマヤ文字で、王の業績を永遠に残そうとしたのである。

文字は特別な力があるうえに、その文字によって知識がまとめて記されているから、権力者にとって都合が悪いことが書かれていると、民衆がそれを読んで考え方を改め、権力者に反抗しかねない。そうした恐れから、文字で書かれたものが危険なものと見なされ、撲滅されるという悲劇があった。

よく知られているのが、秦《しん》の始皇帝《しこうてい》による「焚書坑儒《ふんしょこうじゅ》」である。

医薬や農業などの書物以外の書物をすべて焼き捨てさせ（焚書）、始皇帝に批判的な儒者を生き埋めにする（坑儒）という、思想弾圧事件だった。儒者たちが政権批判をしているとして、民衆が知恵をつけるとやっかいな事態を招くとの理由から、本を燃やしただけでなく、唱えた者たちも根絶やしにしようとしたのである。

また、近代では、一九三三年五月にナチス・ドイツによる焚書が起きている。ナチスに扇動された学生たちが広場に集まり、「享楽的、堕落的な作家たちをドイツから追放せよ」と叫びながら、ナチズムの思想に合わないとされた二万五〇〇〇冊にのぼる「非ドイツ的な書物」が焼き払われた。

それらの書物には、マルクスらの共産主義的な書物、「腐敗した外国の影響」としてアメリカ人作家ヘミングウェイの作品、ファシズム批判を支援したトーマス・マンの作品、ナチスのイデオロギーを非難したレマルクの『西部戦線異状なし』、ケストナー、ブレヒトなどの作品も含まれていた。

自身の戯曲のなかで「焚書は序曲にすぎなかった。本を焼く者は、やがて人も焼くようになる」と書いた十九世紀の詩人ハイネの著作も焼き払われた。

日本でも戦前・戦中に、共産主義思想や社会主義思想が「アカ（赤）」と呼ばれて、言論が弾圧された。また米軍占領下では、戦前の軍国主義的、国粋主義的な思想書が発禁になり、闇に葬られた。こうしたことがおこなわれたのは、本には人の思考や考え方や主義主張を変える力があることをわかっていたからである。

「なぜ本を踏んではいけないのか」、それは権力者が支配している目の前の世界をたった一冊の本が変える力があるからである。恐るべし本の力である。だから本は踏めないし、逆に踏ませようと思う（燃やそうと思う）人もいるのである。

一冊の本がルネサンスを生んだ

本には世界を変える力があると書いたが、一冊の本が修道院に遺されていたこと、そしてそれを発見した人がいたことによって時代を変えたという話がある。ヨーロッパのルネサンス時代はなぜ始まったか。ルネサンスはヨーロッパ近代を生んだ精神の復興運動だが、それはたった一冊の本（写本）が保存されていたことによるという。

スティーヴン・グリーンブラット著『一四一七年、その一冊がすべてを変えた』（柏書房、河野純治訳）という、全米図書賞やピュリッツァー賞ノンフィクション部門を受賞した本に、その経緯が書かれている。

古代ローマの詩人・哲学者で紀元前一世紀の初頭に生まれたルクレーティウス

が著した『物の本質について』（岩波文庫）は、ギリシアの哲人エピクロスの原子論的自然観を忠実に伝えようとした叙事詩形式で綴られた長詩である。

「宇宙は神々の助けなどなしに動いており、神への恐れは人間生活を害するものであり、人間を含む万物はたえず動きまわる極小の粒子でできているという。そしてこうした考え方がルネサンスを促進し、ボッティチェッリに霊感をあたえ、モンテーニュ、ダーウィン、アインシュタインの思想を形作ったのである」（『一四一七年、その一冊がすべてを変えた』訳者あとがきより）という。

このようにキリスト教世界にとってあってはならない哲学・思想が美しい詩に託して書かれていた。しかしキリスト教の台頭もあって、古代ローマの同時代の人たちにも受け入れられることなく忘れ去られ、長いあいだ写本が失われていた。

ところが、千年の時をへた十五世紀に、イタリアの人文主義者にしてブックハンターのポッジョ・ブラッチョリーニによって『物の本質について』の写本が発見された。

一四一七年、ポッジョはドイツ中部のフルダ修道院の図書館にやってきた。そ

ボッティチェッリの「春」

して、たまたま棚から手に取った長詩の写本の作者の名前がルクレーティウスだった。『物の本質について』がポッジョの発見によって複製されて世に広まると、ルネサンスの作家や芸術家たちに大きな影響を与えて、ルネサンスの先駆けになったのである。

その一つにボッティチェッリの「春」という有名な絵（中心にビーナスがいて、その周囲には古代の春の神々がいる）がある。この絵の複雑な構図は、偉大な季節の到来による大地の復活を描いたルクレーティウスの次のような描写に由来するという。「春が来る。翼を持った先触れ役に導かれてヴィーナスがやってくる。母フローラ（引用者注―花神）がゼフュロス（同―暖風）のすぐ後に続き、

彼らの歩く道すべてに絶妙な色と香りをふんだんにまき散らす」（河野純治訳）

この文が千年後にポッジョによってよみがえり、広まったことで、そこから霊感を得たボッティチェッリが絵に描いた。ボッティチェッリは、生命の輝きを描いて、ルネサンスに大きな影響を与えたのである。

また、一五六三年版の『物の本質について』の扉には、のちの所有者であるデスパニエという人の署名がある。ところがその名前に隠れて、二十世紀になるまで何と書かれているかわからない署名があった。それがモンテーニュだったと解明された。モンテーニュも『物の本質について』を読んでいたのである。

ブックハンター・ポッジョとドイツの図書館でたまたま棚から手に取った写本（羊皮紙に書かれたもの）との出合いによって、「世に広まることなく、ドイツの図書館にしまいこまれていた諸作品が、こうして英知ある人々として蘇った。（略）彼らはずっと昔に死に、その魂は冥界《めいかい》に閉じこめられていたのだった」。「ポッジョにとって、それらはたんなる写本ではなく、人の声だった。図書館の薄暗がりからあらわれたのは、くりかえし書き写されてきた一連の文書の一冊というよりは、借り物の衣裳を身にまとってはいるが作品そのものであり、あるいは、死に装束《しょうぞく》を着て光の中によろめき出てきた作者その人なのだ」と著者のグリーンブラットは書いている。

『物の本質について』に出合った人たちは、それを読んだあとには自分が別人になったように感じられたにちがいない。エピクロスからルクレーティウスへ、ルクレーティウスからポッジョへ、ポッジョからボッティチェッリやモンテーニュへと伝えられ、その影響はのちのニュートン、ダーウィン、アインシュタインにまで及んでいる。

この本を通してわかるのは、本を伝えることの重要さである。写本があったから、今読める本がたくさんある。写本はたんなる写本でなく人の声である。古代ローマで生まれた思索の声を私たちは聴くことができる。

本の大衆化と啓蒙

本は貴重なもので、一部の者しか目にすることができなかった。その典型が

『聖書』である。

『もうすぐ絶滅するという紙の書物について』（阪急コミュニケーションズ）という本がある。『薔薇の名前』の作者として知られるウンベルト・エーコと、ルイス・ブニュエル監督の映画脚本などを書いたことで知られるジャン＝クロード・カリエールの二人の老練愛書家が、インターネットが隆盛を極める今日、「紙の書物は消滅するか？」との問いではじまる対談形式の「本をめぐる文化論」である。

東西の歴史を顧みながら、物体・物質としての書物、人類の遺産としての書物、収集対象としての書物など、さまざまな角度から、書物とその未来について縦横無尽に語り、紙媒体でないと伝えられないものや価値が失われるものについて示し教えていて、じつに得るところの多い本である。そのなかに、こんな一節がある。

「我々は書物を崇め奉っています。あらゆる書物を。失われた書物、読まなかった書物、読むべきではない書物に至るまで。このような崇敬の念は、多くの社会

で書物が祭壇上に配置されていることを考慮すれば理解できます」（工藤妙子訳）

『聖書』も、かつては教会に「安置」されて、一般の人が読むことはかなわなかった。中世という時代は、キリスト教が価値観の多くを決めていた時代にもかかわらず、一般の人たちが『聖書』を読むことができない時代でもあった。聖典にふれることができなかったばかりか、読むこと自体ができなかったのである。『聖書』の原典はヘブライ語や古代ギリシア語で書かれていたし、それをラテン語訳した『聖書』も、一部の聖職者や学者だけしか読むことができなかった。一般の人は朗読されたものを聞くしかなかったのである。

このように崇拝するしかなかった『聖書』が大衆化した背景には、二つの出来事が関係している。一つは印刷技術の革新、もう一つは翻訳である。

印刷技術の革新、それは羅針盤、火薬とともに世界の秩序を変えたルネサンスの三大発明と言われるグーテンベルクの活版印刷技術である。

十五世紀なかばに考案されたこの印刷技術によって、手書きか木版印刷がおもだったヨーロッパで本の流通が劇的に速まった。

グーテンベルクの印刷技術は、それ以前の印刷技術と異なり、高品質の印刷物を大量に、しかも安価に創りだすことに道を開いたのである。

これによって『聖書』をはじめとして本が広く出まわるようになり、初めて大衆読者が生まれた。それまではごく限られた人たちが貴重な書物を大切に扱っていたのが、一気に多くの人たちが読めるようになったのである。

カナダ出身の英文学者・文明批評家、マーシャル・マクルーハンの『グーテンベルクの銀河系—活字人間の形成』（みすず書房）という本は、グーテンベルクが考案した印刷技術が西欧の文化に与えた影響を論述したものである。

グーテンベルクによる印刷技術の発明は、人間の歴史と文化にどのようなインパクトを与えたか。そして、書物を読むという行為は、人間の精神をどのように変容させたか。口語文化と活字文化はどうちがうか等々の疑問に洞察をくわえている。

マクルーハンはこんなふうに書いている。

「活字を用いた印刷は思いもおよばぬ新環境を創り出した。それは〈読書界《パブリック》〉を創造したのである。それまでの写本技術は国民的規模で〈読書界〉を生み出すのに必要な強烈な拡張力を欠いていた。われわれがここ数世紀の間、〈国民《ネーション》〉の名で呼んできたものはグーテンベルクの印刷技術が出現する以前に発生したことはなかったし、また発生する可能性もなかったのである」（森常治訳）

活版印刷の発明は、本の大衆化のきっかけとなっただけでなく、啓蒙、伝播のために重要な役割を果たすことになったのである。

もう一つ、『聖書』の大衆化に貢献したのが、マルティン・ルターによるヘブライ語『旧約聖書』、古代ギリシア語『新約聖書』のドイツ語訳である。ルター以前にも英訳などの試みがあったが、ルターはラテン語訳『聖書』ではなく、原典にさかのぼってドイツ語訳をおこなった。

この『ルター訳聖書』は、グーテンベルクの活版印刷技術と相まって広まり、そこから世界のさまざまな言語へと翻訳されていった。

信者一人ひとりが『聖書』を読んで直接信仰を手に入れるべきだと訴えたルターは、『聖書』にこそ本当のことが書かれているから、一対一で『聖書』に向き合いなさいと言った。

これは読書にも通じる態度である。「偉大な人物と直接向き合いなさい」。ルターは宗教改革を断行した人物であるが、読書の基本的な姿勢を唱えた人物でもあった。

グーテンベルクの活版印刷技術によって印刷された西洋初の聖書は『グーテンベルク聖書』と通称される。広く『グーテンベルク聖書』が行きわたるようになると、一人ひとりが自分の『聖書』を持てるようになり、神やキリストと一対一で向き合うことになった。そのことを通して、神やキリストの言葉が自分の精神の一部、魂の一部になっていった。

活版印刷技術によって書物が出まわることになって、私たちは書物と親密な関係に入ることができるようになり、偉大な著者と一対一で向き合うことができるようになった。これはたとえていえば、テニスで錦織《にしこり》圭選手と対戦するようなものである。テニスの下手な者どうしが打ち合うのと、プロの錦織選手と打ち合うのとではまったくちがう。一生に一度の機会だから、錦織選手と対戦できるなら、

グーテンベルク聖書

かなりのお金を出しても惜しくない。

本も同じで、優れた本であれば、多少高くても惜しくない。しかも本は、いったん購入すれば、一生手もとに置いておくことができる。毎月の携帯料金にくらべれば、はるかにコストパフォーマンスはいい。

この人でなければ書けなかった本

この人がそこにいなければ書かれていなかったという本がある。ユダヤ人精神科医・心理学者のヴィクトール・フランクルがナチスの強制収容所から生還して書いた『夜と霧』（みすず書房）はその一冊である。

フランクルはアウシュビッツとその支所に収容

されるが、想像を絶する苛酷な状況を生き抜き、ついに解放された。家族は収容所で命を落とした。

収容所の体験記は少なくないが、この本が今なお読み継がれているのは、精神分析学者の観察眼で、監督官や看守たち、そして収容者たちの人間存在そのものにまで洞察が及んでいるからである。

「わたしたちは、おそらくこれまでのどの時代の人間も知らなかった『人間』を知った。では、この人間とはなにものか。人間とは、人間とはなにかをつねに決定する存在だ。人間とは、ガス室を発明した存在だ。しかし同時に、ガス室に入っても毅然《きぜん》として祈りのことばを口にする存在でもあるのだ」(池田香代子訳)

数少ない生還者のなかで、その一人がたまたま精神分析学者であったため、収容所の監督官・看守たちや収容された人たちの心の奥深くにまで入って記述することができたのである。

目を覆いたくなるような悲惨な出来事ではあったが、私たちはその悲惨さを哲学的考察にまで深めた本を読むことのできる幸運に恵まれている。

よく知られた本だから、読んだ方も少なくないと思う。もし、この本を踏む人がいるとしたら、信じがたいことである。「逆踏み絵」みたいなもので、踏むということはホロコーストに理解を示すことになりかねない。平気で踏んでしまうとしたら、紙にインクで文字が印刷され、それに表紙やカバーがついただけのただの「モノ」として扱うことになってしまう。しかし、この本の尊さを理解すれば、モノ扱いして踏むことはできない。

『アンネの日記』（文春文庫）も「この人がそこにいなければ書けなかった本」である。

『アンネの日記』は、ユダヤ系ドイツ人の少女アンネ・フランクが書いた日記をまとめたものである。

アンネは第二次世界大戦中、ドイツ占領下にあったオランダのアムステルダムの隠れ家で、ナチスのユダヤ人狩りから逃れるため身をひそめて暮らす。多感な少女が歴史の荒波に翻弄《ほんろう》されながら、一九四四年八月に連行されるまでの二年間、物音一つ立てることが許されない環境にあっても、明るく、未来に希望を持ちつづけた。性に目覚めるような記述もある。つねにおびえて隠れていなければならない恐ろしさを率直に書いている。

しかし、ついに隠れ家を発見され、アンネ・フランクはユダヤ人強制収容所に送られ、十五歳で病死した。

アンネ・フランクは書いている。

「いつの日かわたしたちをも滅ぼし去るだろういかずちの接近を、いつも耳にしています。幾百万の人びとの苦しみをも感じることができます。でも、それでいてなお、顔をあげて天を仰ぎみるとき、わたしは思うのです——いつかはすべてが正常に復し、いまのこういう惨害《さんがい》にも終止符が打たれて、平和な、静かな世界がもどってくるだろう、と。それまでは、なんとか理想を保ちつづけなくてはなりません。だってひょっとすると、ほんとにそれらを実現できる日がやってくるかもしれないんですから」（深町眞理子訳）

『アンネの日記』は、歴史的な文書や書物、絵画などを保存し、後世に伝えることを目的にユネスコが一九九二年に創設した「世界の記憶」に登録されている。

アンネが生きた七十数年前と今の世界とでは、どれほどのちがいがあるか。世界の紛争地域や戦争地帯で、今このときにも、銃弾や砲撃におびえ、飢えや病気に苦しむ人たち、とくに子どもたちがいることを思うと、アンネ・フランクでなければ書けなかったこの本は、現在に生きつづけて、その価値はいっこうに減じていない。

貴重な記録を書き残す

本に書かれたことは永遠に残る。本の価値の一つに記録性がある。

なんとしてでも悲惨な出来事を記録しなければならないとの思いで編まれた本に、『いしぶみ―広島二中一年生　全滅の記録』（ポプラポケット文庫）がある。

広島テレビ放送制作の「碑《いしぶみ》」という番組の草稿をもとに編まれたこの本は、表題のとおり、旧制・広島二中の一年生三二一人全員が原爆で亡くなったときの記録である。

即死したら言葉は残らないが、一日、二日、三日と生きながらえた生徒たちがいた。そうした生徒たちの言葉を母親ら遺族が聞いていた（どのような様子で亡くなったかが遺族から聞いてわかっているのは三二一人のうち二二六人）。それらをまとめたものがこの本である。

原爆の光がどうだったか。爆風がどうだったのか。そして、自分は亡くなっていくけれども、立派に死んだというふうに伝えてくださいと母たちに託す。

下野《しもの》義樹《よしき》くんは「点呼が終わるのと同時ぐらいだった。退避という声を聞いたあと爆弾が落ちた。川にとびこめ、という声をかすかに聞いて本川《ほんかわ》にとびこんだ。爆発と同時に、黒く焼けた人が多かった」と話した。

三戸一則《かずのり》くんは「川ではおおぜいといっしょに、流れてきた木につかまって浮いていました。岸から火が吹きつけるたびに、水の中にもぐった。もう最期《さいご》だと思って、〝君が代〟をうたいました」と話した。

生徒たちのこうした言葉が記録されなければ、私たちは生徒たちの悲痛な声を聞くことができなかった。

太平洋戦争末期に戦没した日本の学徒・林尹夫《ただお》の遺稿集『わがいのち月明に燃ゆ——一戦没学徒の手記』も貴重な記録である。私も十代のころに読んだ（現在もちくま文庫で読める）。

林尹夫は昭和十八（一九四三）年十二月に学徒出陣し、昭和二十年七月に、夜間哨戒飛行中に米軍機の攻撃を受けて四国沖で消息を絶った。

京都帝国大学で西洋史を専攻した林尹夫は、学徒出陣ののちも学問への思いを絶ちがたく、書物を手放さず、日々どんな本を読んだかを記していく。読書についてこんなふうに書いている。

「ぼくは今まで、活《い》きた眼で読書していなかった人間である。本の選び方、本の読み方を知らなかった。つまり真の人生の生き方を知らなかった」

出陣が迫っているのに勉強をやめない。洋書も読む。

「こうしてペンを走らせる、それのみが、自分のはかない姿を、なんとかして、しっかりつなぎとめようとする手段なのだ」

「つらいのは、死ぬことよりも、生きることなのだ。（略）だが生活に自己を打ち込めぬ。そして自己を表現する生活をなし得ぬままに死んでしまうとしたら、こんな悲惨なことが、あろうか」

林尹夫が手記を書き残さなければ、この遺稿集は存在しなかった。

書き残さなければ忘れ去られてしまうことを本という形で記録する。柳田國男の『**遠野物語**』や『**山の人生**』（『遠野物語・山の人生』岩波文庫）もその一冊である。

柳田國男は『山の人生』の序文で、この本には賛否の意見を学者に求めるだけのまとまった結論というものはないかもしれないが、新しい知識を求めることばかりが学問ではなく、これまでいっこうに人に顧みられなかった事柄が多々あって、われわれは今それに手を着けているのだ、と書いている。

たとえば、三十年ほど前（明治三十年頃か）に西美濃地方の山中であったという出来事が収録されている。

世の中が大変に不景気だったころ、炭焼きをしていた五十歳ばかりの男が、男手一つで二人の子どもを育てていたが、炭が少しも売れず苦しい生活がつづいた。秋も末のころ、子どもが表でしきりに斧《おの》を磨《と》いでいた。理由を尋ねると、これで自分たちを殺してくれと言って、材木を枕にして、二人は仰向けに寝た。それを見た男は頭が錯乱して、気がついたら子ども二人の首を切り落としていた。

柳田國男はこんなふうに述べている。

「我々が空想で描いて見る世界よりも、隠れた現実の方が遥かに物深い。また我々をして考えしめる。これは今自分の説こうとする問題と直接の関係はないのだが、こんな機会でないと思い出すこともなく、また何ぴとも耳を貸そうとはしまいから、序文の代りに書き残して置くのである」

放っておいたら消えていく伝承を記録するという柳田國男の手法は、その後の民俗学の確立につながっていった。

一度書いたものは永遠に残るという、人間がなせることのなかで最も永続的なパワーが本にはあるのである。

本には魂が込められている

一人の人間の経験や感性が、時を超えて私たちに訴えてくる。本はそうした経験、感性や知性の集積であり、そこには書き手の魂が込められている。

ドストエフスキーの『死の家の記録』（新潮文庫）もその一冊である。死の家とは監獄のことである。

社会主義的なサークルに加わっていたドストエフスキーは危険分子とされて逮捕され、反逆罪で死刑判決が下るが、処刑直前に恩赦が下され、一八五〇年から四年間、シベリアの監獄に流刑となる。

『死の家の記録』は小説であるが、実際にあったことをていねいに記述するという、ドストエフスキーのなかではノンフィクション的な作品である。

千回から五千回もの笞刑《ちけい》があり、囚人が途中で失神すると、水をかけて蘇生させ、笞刑を再開するなど、囚人たちの過酷な生活が描かれ、恐ろしく乱暴な男の話など、さまざまな人間の描写も出てくる。

監獄では、囚人たちにレンガを焼かせたり、壁を塗らせたり、畑を耕させたり、家を建てさせたりした。しかし、こうした苦役には意味・目的があるから、どうかすると、その仕事に熱中して、もっとうまく、もっとぐあいよく、もっと立派に仕上げようという気さえ起こる。

ところが、たとえば水を一つの桶《おけ》から他の桶に移し、またそれをもとの桶にもどすとか、土の山を一つの場所からほかの場所へ移し、またそれをもとにもどすという作業をさせたら、囚人はおそらく、四、五日もしたら首をくくってしまうだろう。「二度と立ち上がれぬようにおしつぶしてやろうと思ったら、労働を徹底的に無益で無意味なものにしさえすれば、それでよい」（工藤精一郎訳）とドストエフスキーは書いている。

それでも、「人間はどんなことにでも慣れられる存在だ。私はこれが人間の最も適切な定義だと思う」というドストエフスキーの有名な言葉があるように、過酷な扱いにも慣れてしまう、当たり前だと思ってしまう。そこが恐ろしい。『死の家の記録』は当時のロシアの刑務所の様子が子細に書かれていて、そこにドストエフスキーが居合わせたことで記録に残っている。彼がいなかったら、わからないことだらけであった。

人間を描くというドストエフスキーの作家としての魂が込められたのが『死の家の記録』なのである。

この経験があったからこそ、『罪と罰』『悪霊』『カラマーゾフの兄弟』(いずれも新潮文庫)が生まれたと言っても過言ではない。

時代を超えた精神の継承

本が与える影響は計りしれないから、本を読むという行為なしに精神の安定を求めようとしても、少々ムダというか、本末転倒である。精神というものは他者の精神を取り入れることで成り立つからである。それが「精神文化」というもので、「私たちの精神や思考は読んだ本でできている」のである。

武士には武士の共通の地盤に立つ精神文化が成立している。しかも、武士の精神文化は時代を超越してその概念と精神性が継承されている。

武士の精神は「武士道」という形で受け継がれ、たとえば『葉隠《はがくれ》』（講談社学術文庫）という書物で時代を超えて語り継がれている。

「武士道と云うは、死ぬ事と見付けたり」で知られる『葉隠』は、江戸時代中期に、佐賀鍋島《なべしま》藩士の山本常朝《じょうちょう》が武士としての心得を数年の歳月をかけて語ったものを、同藩のべつの藩士が綴ったものである。

『葉隠』の巻頭に「この全十一巻は火中にすべし」と書かれている。秘伝であるため、覚えたら燃やしてしまう気概と覚悟が求められたとされる。原本は失われているが、数種類の写本により読むことが可能になっている。

「武士道と云うは、死ぬ事と見付けたり」という文言は、目的のためには死を厭《いと》わないという意味に解釈されて、太平洋戦争中の特攻や玉砕や自決の際に、この文言が引き合いに出されることもあった。

しかし、「武士道と云うは、死ぬ事と見付けたり」（「聞書第一」）には、こう書かれている。

「武士道と云うは、死ぬ事と見付けたり。二つ二つの場にて、早く死ぬほうに片付くばかりなり。別に仔細《しさい》なし。胸すわって進むなり。（略）毎朝毎夕、改めては死に改めては死に、常住死身《しにみ》になりて居る時は、武道に自由を得、一生越度《おちど》なく、家職を仕果《しおお》すべきなり」

現代語に訳すと、「武士道の本質は、死ぬことだと知った。つまり生死二つのうち、いずれを取るかといえば、早く死ぬほうを選ぶということにすぎない。これといってめんどうなことはないのだ。腹を据えて、よけいなことは考えず、邁進《まいしん》するだけである。（略）とにかく、武士道をきわめるためには、朝夕くりかえし死を覚悟することが必要なのである。つねに死を覚悟しているときは、武士道が自分のものとなり、一生誤りなくご奉公し尽くすことができようというものだ」（三島由紀夫『葉隠入門』より引用）となる。

つまり「武士道と云うは、死ぬ事と見付けたり」の真意は、つねに「死」を覚悟していれば、反対に限られた「生」を大事にすることに通じる。今日が最後と思って自己を捨てたところの心境から得られる判断が最良の結果を生むということである。わかりやすくいえば「死ぬ気でやれば、ちゃんと仕事ができますよ」

ということ。

『葉隠入門』（新潮文庫）を書いた三島由紀夫は、こんなふうに書いている。

「ここにただ一つ残る本がある。それこそ山本常朝の『葉隠』である。戦争中から読みだして、いつも自分の机の周辺に置き、以後二十数年間、折りにふれて、あるページを読んで感銘を新たにした本といえば、おそらく『葉隠』一冊であろう。わけても『葉隠』は、それが非常に流行し、かつ世間から必読の書のように強制されていた戦争時代が終わったあとで、かえってわたしの中で光を放ちだした」

「武士道と云うは、死ぬ事と見付けたり」は戦中の精神に合ってしまったところがあるので、戦後にそれが否定されたことで、むしろ『葉隠』は光を放ったと言っている。

三島由紀夫は大変な博学で、おびただしい数の本を読んでいる。その人が座右の書といえば『葉隠』であるという。

三島由紀夫は、『葉隠』はたぐいのない不思議な道徳書であり、いかにも精気にあふれ、いかにも明朗な人間的な書物で、『葉隠』ほど道徳的に自尊心を解放した本はあまり見当たらない。現代の風潮は、美しく生き、美しく死のうとしては、じつは醜く死ぬ道を選び、醜く生き、醜く死のうとしては、じつは美しく生きる道を模索している。『葉隠』はこの生死の問題について、じつに爽快な決断を下している、と書いている。

三島由紀夫は『葉隠入門』の冒頭で、本についてこんなふうに述べている。「若い時代の心の伴侶《はんりよ》としては、友だちと書物とがある。（略）友だちと書物との一番の差は、友だち自身は変わるが書物自体は変わらないということである。それはたとえ本棚の一隅に見捨てられても、それ自身の生命と思想を埃《ほこり》だらけになって、がんこに守っている。われわれはそれに近づくか、遠ざかるか、自分の態度決定によってその書物を変化させていくことができるだけである」

本の「生命」はけっして絶えることがない。書物を生かすも殺すも、本に向き合う私たちの態度しだいなのである。

精神の継承といえば、父・観阿弥《かんあみ》や将軍・足利義満の庇護《ひご》を受けて能を大成した世阿弥《ぜあみ》の『風姿花伝《ふうしかでん》』（通称『花伝書』・岩波文庫）もその一つである。『風姿花伝』は世阿弥が父・観阿弥の教えを体系化して子孫に伝えようとした能の秘伝書である。「花」「幽玄《ゆうげん》」などをキーワードに論じたこの芸術表現論は「能楽の聖典」として今日まで連綿と読みつがれている。

たとえば「時分《じぶん》の花を誠の花と知る心が、真実の花になほ遠ざかる心なり。ただ、人ごとに、この時分の花に迷ひて、やがて、花の失《う》するをも知らず。初心と申すはこの比《ころ》の事なり」——若い盛りの花（魅力）を本当の花と思う心があると、真実の花にいっそう遠ざかる。人はみな、この一時《いっとき》の花に自分を見失って、やがて花が枯れてしまうことに気づかない。そういうときこそ、「初心」を忘れず、稽古に励まなければならないという意味である。

『風姿花伝』が今なお価値を失っていないことが、この文言からわかる。それは、『風姿花伝』が芸術論にとどまらず、能楽を通じて人生哲学にまで高められているからである。そこには、現代人が学ぶべきすぐれた教えがある。

世阿弥が「その風《ふう》を得て、心より心に伝はる花なれば、風姿花伝と名付く」と書名の由来を書いているように、心より心に伝える秘伝として受け継がれて、今でも読まれている。

時代を超えて継承されてきた本を読むことは、自分の精神生活を豊かにすることになる。

世界を変える力を持った本

本には世界を変える力を持ったものがあると言ったが、その代表例の一つが、マルクスの『資本論』（第二部と第三部は、マルクスの死後にエンゲルスが遺稿を整理して刊行・岩波文庫）である。

今の時代とちがって、戦前・戦中には一冊の本が回し読みされて、何人もが読み、その本をめぐって話をすることで、思想が強固になっていく集団ができあがっていった。

人間の心は非常に移ろいやすくて、物の感じ方は時々刻々変わってしまう不安定なものである。不安定な人がいくら集まっても不安定なことに変わりない。そんなふうに一貫したものを持ちづらい状況のときに、「核となる書物」があることによって、人々の心が結束していくということがある。

何かの集団の中心には「本」があることが多い。仏典や『聖書』のような書物が人々の結びつきを強固にしていく。文字で書かれたひとまとまりの極意書のようなものがあることによって一つの権威となっている。

『資本論』は大部なものであるし、理解するのも大変なので、みんながみんな読んだわけではないが、青年たちの本棚に『資本論』があって、それをめぐって議論する。すると、資本主義に対抗する共産主義的な思想の理解が深まる。

カリスマ的な人物は思考や考え方に一貫性があるから揺るがない。イエスのような人の言葉が文字になって、よって立つべき精神が本という形になると、そこに向けてみんなが心を結集していく。

本には、たくさんの人たちの心を一つに結びつける力がある。その結束力が世界を変えるきっかけにもなった。それがわかっていたからこそ焚書がおこなわれたりした。権力者は現状維持に腐心するから、新しい思想が出てくるとつぶしにかかったのである。

マルクスやエンゲルスの思想には勉強になる点がたくさんある。私は社会の不公正を是正したいという思いがあるため、共感できる点も多々ある。もちろん、「〇〇主義者」になると、それ以外の思想や考えを遮断し、まったく受け入れないようになって、一種の思考停止に陥ってしまう危険性もある。

しかし、『資本論』をパラパラとめくっていくと、「一極における富の蓄積は、同時に対極における、すなわち、それ自身の生産物を資本として生産する階級の側における貧困、労働苦、奴隷状態、無知、粗暴、道徳的堕落の蓄積である」（向坂逸郎訳）というような文言に遭遇する。

二〇一七年の国際NGOの報告によると、世界で最も裕福な八人の資産と、世界の人口のうち経済的に恵まれない下から半分にあたる約三六億人の資産額がほぼ同じであるという。そのような世界的な格差拡大社会にあって、マルクスを再評価すべきと思える言葉に出合うことができる。ソビエト連邦は社会主義国家という壮大な実験の失敗例であったが、『資本論』はいまだに世界を変える力を持っているのかもしれない。

著者と読み手の人格の出合い

かつては紙は貴重品だったし、紙が登場する以前に使われていたパピルスや羊皮紙も貴重品だった。貴重品ゆえに、そこに書かれるものもおのずから、ぜがひでも後世に伝えなければならないものに限定されることになった。

こうして本は文化の最高位にあるものとしてこれまで受け継がれてきたのに、いつのまにか「モノ」扱いになって、買ってはすぐに二束三文で売られてしまう運命になった。

ほかの消費財と同列に扱われるようになり、本という体裁すらとらずにデータ化され、クラウドコンピューティングによって全人類の情報はクラウドにあるという状況が出現した。ダウンロードしてPCやタブレットやスマホで読めば、それで済んでしまう。踏んではいけないはずの本がそもそも存在しなくてもいいという事態になった。

「本には人格がある」ということが完全に消し飛んで、たんなるデータと同列に扱われるようになると、たとえば孔子のような偉人がいたとしても、そうした人物の人格のすごさがわからずに、ある種の情報として孔子を読んだとしたら、もはや意味がない。

情報がすべてだというふうに、情報という言葉が一人歩きしているが、「本は情報ではなく人格である」と設定するところから始めて、人格との出合いと思って読むことが必要なのである。

出会いといえば、賀茂真淵《かものまぶち》と本居宣長《もとおりのりなが》の、たった一夜《ひとよ》の出会いはよく知られている。江戸に住む国学の大家の賀茂真淵は六十七歳。今の三重県松阪《まつさか》で医師を生業《なりわい》としながら古典を研究していた本居宣長は三十四歳。『万葉集』の大家の賀茂真淵に私淑《ししゆく》していた本居宣長は、賀茂真淵の松阪での滞在先の宿を探りあて、教えを乞う。

「私はかねがね『古事記』を研究したいと思っておりますが、何か注意するところはありますか」と質問すると、賀茂真淵はこう答えた。
「私は『古事記』を研究するためには古い言葉を知る必要があると思って『万葉集』の研究を始めましたが、年をとってしまって『古事記』に手をのばすことができなくなりました。あなたは若いから、『古事記』を読むためにも『万葉集』を勉強しなさい。学問は基礎が大事」

生涯でたった一度の出会いだったが、その後も手紙でやりとりしながら、宣長は三十五年の歳月をかけて『古事記伝』（『古事記』全編にわたる全四四巻の註釈書）を著す。本居宣長は自分の考えてきたことに共鳴してくれる人に初めて出会い、賀茂真淵も自分の教えを吸収してくれる青年の出現に感激した。

「松阪の一夜《ひとよ》」として知られるこの出来事は、「人格と人格の出合い」である。本を読むという行為もそれと同じで、著者と読み手の人格の出合いなのである。

肉声を本にとどめる

本は書かれたものという点ではエクリチュール（「書かれた言語」＝「文字」）で

あるが、もともとは声に発していた。しかし、声は消えてしまうので、本に落とし込むことで、声をそこにとどめていった。

「今は昔、竹取の翁《おきな》といふ者ありけり。野山にまじりて竹を取りつつ、よろづの事につかひけり……」で始まる『竹取物語』（角川ソフィア文庫）もその一つである。

日本最古とされる物語だが、たとえばかぐや姫の昇天の場面は民間説話の「羽衣《はごろも》説話」がベースになっているという。

民間説話というのは、一般民衆のあいだに「口伝え」で伝承されてきた昔話や伝説のこと。『竹取物語』が作者不詳なのは、そうした成立の経緯があるからである。語り継がれた説話が『竹取物語』に落とし込まれているのである。

『新約聖書』もイエスが語ったりしたものをまとめたものであるし、『論語』も孔子の言行を弟子やそのまた弟子たちがまとめたものである。

仏典も語られたものである。ブッダ（釈尊）は自身では記録を残さなかった。そこで、ブッダが入滅したあと、ブッダの教えをのちの人たちのために残そうと、高弟たちが集まって、それぞれがブッダの説法を「このように私は聞きました」と語り、それに間違いないかを数百人で討議して、全員が一致したら記録することをくり返したという。

中村元《はじめ》氏が訳した『ブッダのことば　スッタニパータ』（岩波文庫）には、「今のひとびとは自分の利益のために交《まじ》わりを結び、また他人に奉仕する。今日、利益をめざさない友は、得がたい。自分の利益のみを知る人間は、きたならしい。犀《さい》の角《つの》のようにただ独り歩め」というようなブッダの言葉が載っている。中村氏によると、この『スッタニパータ』の主要な部分は、もともと詩よりなり、読まれるものではなくて、吟詠《ぎんえい》されたものであったという。

ソクラテスは、自分は文字で書き表すことをしない、なぜなら、自分が「ライブ」でやっていることが最高だから、それ以外に何を残すことがあるのか、と考えていたので、自身の著作はない。

しかし、弟子のプラトンがソクラテスの言説を書きとめて『ソクラテスの弁明』や『クリトン』（岩波文庫『ソクラテスの弁明・クリトン』）に著してくれたおかげで、私たちは今、ソクラテスの思想を知ることができる。

『ソクラテスの弁明』は、「ポリスの敬う神々を敬わずに、新奇な神々を崇拝して若者を堕落させた」として告発されたソクラテスが、アテネの法廷でおこなった弁明を、弟子のプラトンがソクラテス自身の一人称というかたちで記したものである。

「彼は何も知らないのに、何かを知っていると信じており、これに反して私は、何も知りもしないが、知っているとも思っていないからである。されば私は、少くとも自ら知らぬことを知っているとは思っていないかぎりにおいて、あの男よりも智慧の上で少しばかり優っているらしく思われる」「多量の蓄財や、また名聞や栄誉のことのみを念じて、かえって、智見や真理やまた自分の霊魂を出来得るかぎり善くすることなどについては、少しも気にもかけず、心を用いもせぬことを、君は恥辱とは思わないのか」（久保勉訳）

本というものが存在したことで、孔子やソクラテスが語った言葉が二千五百年の時を超えて残っている。

現代では映像や音声データがあるから、本は不要かというと、そうはならない。やはり文字に残っていてほしいと私は思う。そうでないと落ち着かない。対談や演説をテレビで見ることがあるが、見るたびに「これ、本にならないかな、書籍化されないかな」といつも思ってしまう。私は、本になってはじめて、精神が確定するという気がしてならないのである。

紙の書籍と電子書籍

偉大な本を読むことは、まれに見る人物、希代《きたい》の人物との出会いを意味する。平凡に暮らして、楽しく語らって一生を終えるのはけっして悪いことではないが、人として生まれた以上、優れた人たちと出会いたい。

メッシやクリスティアーノ・ロナウドのプレーを見れば、現代サッカーの最高峰のプレーに出合うことができるが、彼らのプレーを実際に観ることは、日本にいる者にとっては簡単なことではない。しかし、人類のなかで最も優れた人の話を聴きたいと思ったら、本を読めばいいから、こんなに便利なことはない。わざわざ偉人に会いに行かなくてもいいし、いつでもどこでも、くり返し聴くことができる。

だから、優れた本がたくさんあるのに、それを読まないということが私には信じられない。私だけでなく、本が貴重だった時代を生きた人たちはそう思うにちがいない。私が子どものころはバナナは高価でご馳走だったが、今はバナナは当たり前のように食べられていて、特別な果物ではなくなった。それと同じように、今や本は情報伝達の手段の一つ、情報入手の手段の一つという扱いになっている。キンドルなどの電子書籍はたしかに便利だから、それはそれでいいものだと思う。これからも普及していくと思う。

しかしそこには、本には人格があるという感覚を失うという落とし穴がある。だから、まずは紙の本で読むべきである。最初から電子書籍で読むと、本としての実感がなくなってしまう。これは私たちの人生を不毛にしてしまう。

梶井基次郎の『檸檬《れもん》』（新潮文庫）という小説で、主人公が檸檬を握って「つまりはこの重さなんだな」と独白する場面がある。

この「重さ」は生命の重さと言っていいのだが、本にも重さがある。本の重さを感じたときに、「ああ、この感じがいいんだな」と思える。それは、本という「モノ」としての重さと同時に、書き手の「人格」の重さも感じているのである。

電子データにはこの重さがない。情報が目の前に現れては消えていく。そして文字が羅列した情報にずっとさらされていったときに感じるのは、魂がどんどん摩耗《まもう》していくような感覚であり、そのあげくに身にならなかったなと感じてしまうのである。

主人公が檸檬を「爆弾」に見立てて置いてくる、丸善書店の書物群もまた、モノであると同時に人格であるために力がある。だから主人公を圧迫するのである。電子データなら、あえて「爆弾」を置くまでもない。

書物の普及と向学心

二〇一八年十一月に亡くなったイギリスのロナルド・ドーア教授ほど日本語と日本文化に精通した社会学者はいなかった。ドーア教授は『江戸時代の教育』

（岩波書店）でこんなふうに述べている。

明治期になって、アジア諸国のなかでなぜ日本だけが独立を保持し、高度工業国家に脱皮できたのか。その背景には、江戸時代後期における大衆教育の普及があった。一八七〇（明治三）年の日本における読み書きの普及率は現代の発展途上国よりもかなり高かった。おそらく当時の一部のヨーロッパ諸国とくらべてもひけをとらなかった。

日本近世文学の研究者である鈴木俊幸氏の『江戸の読書熱――自学する読者と書籍流通』（平凡社選書）によると、江戸時代後期には、自習用の儒教のテキストがあった。

著者は儒者の渓百年《たにひやくねん》という人物で、『経典余師《けいてんよし》』というテキストを編んだ。『大学』『中庸』『論語』『孟子』の四書《ししよ》の本文を解釈し、「平仮名によって意味と読み方とを懇切に示し素読独習の手引きとした」という。

こうした自習用のテキストが普及する以前は、学問を学ぶには師匠を探して入門しなければならなかった。しかし、自学自習ができるようになって、下級武士や農民、町人も勉強をするようになった。

弟子をとることで身を立てていた在野の師匠や学者は猛反発したらしいが、需要はどんどん伸びて、板元《はんもと》（版元）は類書を刊行していった。

鈴木俊幸氏は書いている。

「都市部の人間や町や村の役人などの教養層を中心とした人々のみが文芸や学問の享受者であった時代ではなくなった。さらに広い階層がその営為に参加する時代を迎えた。日本近世がもっとも近世らしい様相を呈しはじめた時代といってもよい。急速な勢いでの知の底上げがここに起きてくる。それはすなわち近世読者の成立でもあった」

江戸の庶民が自分の分《ぶん》を知りながら、なおかつその分をまっとうするための向学心を持っていたという江戸時代の終わりには、茶屋の娘でも、みんな暇があると本を読んでいたという。書物の普及によって「向学心」が高まり、「読書熱」が高まっていったのである。

江戸時代後期から明治初期の人口と現在の人口は異なるが、一人当たりの読書量で言うと、当時のほうが多かったかもしれない。

向学心といえば、戦後の食糧難のころ、敗戦の虚脱の時代の心のよりどころとして、信仰的な図書と並んで哲学的な著作がベストセラーになった。『西田幾多郎全集』もその一つである。一九四七年の第一巻の発売三日前から、一ツ橋の岩波書店の前に行列ができ、当日未明には二〇〇人の徹夜組が並んだという。その様子が当時の朝日新聞に掲載されたりした。

当時のほうが本は高かったが、食べるものを切りつめてでも買い求めて、みんなが本を読んでいた。そんな向学心のある時代があったのである。

先人の思考の上に立って思考する

オリジナリティーということがさかんに言われる。私たちは文章を書くとき、自分独自の文章を書いていると思いがちだが、じつは他者の書いた文章の結晶として書いている。他者の言語や考え方を採り入れながら書くということをしているのである。

だから、優れたものを読んでいないと、いいものはなかなか書けない。

私は川端康成の作品が大好きで高校時代から読んでいるが、「こんな美しい日本語を書ける人間がいるのか」と感動するほどの川端康成にしても、あるいは谷崎潤一郎にしても、三島由紀夫にしても、小説をちょっと読んで小説家になったわけではなく、さまざまな本を読んだことが小説家としての基盤になっている。

芥川賞選考委員でもある小説家の山田詠美さんは、「最近は本をそれほど読まないで作家になろうと応募してくる人が多い。せめて世界の名作ぐらい読んでください」と苦言を呈している。

優れた小説を読んでいない人が自分にも小説が書けると思ってしまう現代。しかし、すでに優れたものがあって、それを前提にして次のステップがあるというふうに考えるのが正しいあり方であると思う。

これは文章を書くことにかぎったことではない。私たちは、本など読まなくても思考できると思いがちだが、それは大いなる勘違いである。

たとえば民主主義が大事だといっても、ルソーが民主主義という概念を『社会契約論』（岩波文庫）などで語り、それが発展して、やがて憲法というかたちで文言になり、私たちはそれを学んでいる。だから、議会制民主主義や人権は大事に決まっていると当たり前のように考えるが、その概念を自分で考えたのかというと、そうではない。

佐賀藩出身の江藤新平は明治政府で初代の司法卿（法務大臣）になったとき、フランスの法制度をたたき台にして翻訳を命じ、司法制度整備や民法典制定などに尽力した。

そうして生まれた法律用語が憲法その他の法律の文言に使われている。法律用語を翻訳するという作業があったからこそ、私たちは社会的な思考ができているわけである。

こんなふうに、私たちは他者の思考にもとづいて考えることをしているから、本当に自分のオリジナルの考えと言えるものは、さほどないと言っていい。

幸いなことに、さまざまに思考した人、思索した人の書物がたくさんある。だから、それらを読んで自分の思考を磨いていくのが正道なのである。

本は一滴の油のように広がる

『解体新書《かいたいしんしょ》』（講談社学術文庫）は、ドイツ人医師のヨハン・アダム・クルムスの解剖書のオランダ語版である『ターヘル・アナトミア』を、江戸時代に前野良沢《りょうたく》と杉田玄白《げんぱく》が漢文に翻訳した書物である。西洋語からの本格的な翻訳書としては日本で初めての試みだった。

じつに三年半の歳月と十一回の改稿を重ねて一七七四年に全四巻が完成したが、その奮闘ぶりが、すさまじいというか面白い。

この翻訳の際の苦労が書かれている杉田玄白の『蘭学事始《らんがくことはじめ》』（講談社学術文庫）によると、『ターヘル・アナトミア』を訳していて、鼻のところで「フルヘッヘンドしているものである」という説明に行き当たった。

簡略な辞書を参照したところ、「木の枝を切り取れば、その跡がフルヘッヘンドをなし、また庭を掃除すれば、その塵土が集まってフルヘッヘンドする」という意味のように読みとれた。

ここで玄白がふと思いついた。

「木の枝を切ったあと、切り口がなおると堆《うずたか》くなる。また、掃除をして、塵や土が集まれば、これも堆くなる。鼻は顔のまん中にあって、堆くなっているものであるから、〝フルヘッヘンド〟とは〝堆〟ということであろう。ということであれば、この語は〝堆し〟と訳してはどうだろうか」と提案して、その訳に決定したという。

先に書いたように、江藤新平はフランスの法制度に出合って、これを高く評価して「誤訳も妨げず、ただ速訳せよ」と可及的速やかに翻訳するように命じた。

杉田玄白は千住の小塚原《こづかっぱら》刑場で、刑死者の解剖と見くらべて『ターヘル・アナトミア』の正確さに驚嘆し、これを翻訳しようと前野良沢に提案した。

法典や医学書との出合いがあり、そして翻訳されたことで、世界の扉を開けることにつながったのである。

杉田玄白は言っている（『蘭学事始』）。

「一滴の油は、これを広い池の水に落とすと、だんだんひろがって、やがて池全体におよぶという。ちょうどそのように、前野良沢・中川淳庵《じゅんあん》と、わたしと三人が申し合せて、かりそめに思いついたことが、五十年ちかい年月を経て、いまこの蘭学が全国におよび、そこかしこと四方にひろがり、年ごとに翻訳書も出るように聞いている。（略）かえすがえすもわたしはことのほかうれしい。この学問の道が開けたならば、百年・千年の、のちのちの医者が真の技術を体得して、人びとの生命を救うという広大な福益があるだろう」

本は一滴の油である。この一滴が世の中に投下されて、大きな広がりとなるのである。

鎖でつながれた本

本はなぜ存在するのかについて述べてきたが、図書館について、二、三ふれておきたい。

人はこの地球上で、ただ一つ書き記すことをする動物である。生きていくうえで欠くことのできない知識は、文字によって書きとめられ、やがて本という形をとって伝えられてきた。

古代文明は、メソポタミア、インダス・ガンジス河流域、ナイル河と黄河の河口デルタ地帯に興った。私たちは文明が文字を生みだしたと思いがちだが、生産の余剰によって支配階級としての王朝が誕生し、それらの王朝が文字を発明し、独占したのである。そして、人は知識を文字で書き表すようになり、その後につづく世代が受け継ぐことによって文化が生まれていったのである。

文化＝文字＝本であり、文化の殿堂として図書館がつくられるようになった。世界最古の図書館として、紀元前七世紀の新アッシリア王アッシュル＝バニパルの宮廷図書館が知られている。

アッシュル＝バニパル王は文書収集に熱中した。アッシリア全土に書記を派遣し、神話や医学、宗教、言語などの学術書から商業に関する文書や手紙まで集めさせた。こうしてオリエント世界の知識が集大成された図書館がつくられていった。『**ギルガメシュ叙事詩**』の最も欠損が少ない版本（粘土板）もこの図書館に保存されていた。

時代は下ってヘレニズム時代の図書館としては、紀元前三世紀のアレクサンドリア図書館が有名である。

エジプトのプトレマイオス王によってアレクサンドリアに建てられたこの図書館のスケールは尋常ではない。

アレクサンドリア図書館
の内部（想像図）

莫大な金を費やして多くの思想家や作家の著作、学術書、文献など、一〇万点とも七〇万点ともされる資料を所蔵したという。

現在のように製本された「本」は存在しなかったため、パピルスに書かれて巻物（「巻子本《かんすぼん》」と言う）のようなかたちで収蔵されていた。

アレクサンドリア図書館はまた、アルキメデスやエウクレイデスら世界各地から優れた学者が集まった一大学術機関でもあった。図書館は「知の殿堂」だったのである。世界最高の学者たちが集まり、あらゆる思想や学問の拠点になったが、五世紀（諸説あり）には消滅してしまったため、謎が多い伝説的な図書館でもある。

ポッジョという人物がドイツ中部のフルダ修道院の図書館で発見した一冊の写本がルネサンスを生むことになったと先に書いたが、中世ヨーロッパでは修道院に図書館・図書室が併設されていることが多かった。

しかし、本は一冊ずつ手作業でつくられ、写本一冊で家が買えるほどに貴重なものであったため、盗まれたりしないように、図書館の本の多くは鎖で棚につながれていたという。現在でも鎖でつながれた本が収蔵されている図書館がヨーロッパにある。

歴史的にみると、学術研究用に資料を集めた場として図書館は存在し、学者や貴族など一部の者にしか利用できなかったり、場合によっては有料であった時代が長い。

それが、グーテンベルクの印刷技術によって本が大量生産できるようになって、民衆のあいだに会員制の組合図書館や都市図書館が開設された。

『フランクリン自伝』（岩波文庫）には、フランクリンが中心になって図書館をつくった話が出てくる。

書棚に鎖でつながれた本（図）。イギリス・ヘレフォード大聖堂図書館

雷雨のなかで凧を上げて電気と雷は同じものであることを証明したベンジャミン・フランクリン（一七〇六～九〇年）は、科学者であるとともに出版業者、哲学者、経済学者、政治家であり、アメリカ資本主義の育ての親でもあった。

この自伝には、「十六歳の頃であったか、何かの折にトライオンという人が著した菜食奨励の本を読んで、これを実行しようと決心した」（松本慎一・西川正身訳、以下同じ）とある。

ただ読むだけではなく、自炊して菜食を実践する。自炊の結果、兄がくれる金が半分残ることがわかって、その残った金は本を買う足しにしたという。

フランクリンはつねに実践的な本の読み方をした。

算術書をやってみたら、一人でやすやすとしまいまでやれてしまったり、イギリスの哲学者ジョン・ロックの『人間悟性論』（岩波文庫。『人間知性論』とも）などの本を読んでいる。

あるとき、一冊の英文法書を偶然手に入れた。その巻末の論理学の一文の終わりのほうにソクラテス式論争法の例が一つ載っていたので、クセノフォンの『ソクラテス追想録』（『ソークラテースの思い出』岩波文庫）を買い求めて読んだ。

その本を読んですっかり感心し、いきなり人の説に反対したり、頑固に自説を主張したりするそれまでのやり方を改めて、ソクラテス式論争法に従って、謙遜な態度でものを尋ね、ものを疑うという風《ふう》を装うことに決めた、とも書いている。

本の効用に魅了されたフランクリンは、少しでも多くの人が本を利用できるようにと考えて図書館をつくった。

当時、ボストン以南の植民地には、まともな本屋が一軒もなかった。読書を好む者はイングランドから取り寄せるしかなかった。そこでフランクリンは一計を案じた。

フランクリンが向学心に燃える友人を集めてつくったクラブの会員は、多少なりとも蔵書を持っていた。だから、クラブの集会所にめいめい自分の本を持ち寄ることにしようではないか。そうすればクラブで議論するとき、その場で調べることができるだけでなく、家で読みたいと思う本はめいめい自由に借りだすことができて、お互いに都合がよくないかと提案したのである。この文庫は適切な管理ができなかったために一年後に解散になる。

そこでフランクリンは、もっと公共性を帯びた図書館を創設しようと、一七三一年、フィラデルフィア組合図書館を計画した。会員が一定の金を出し合い、図書を共同購入し利用した最初の会員制図書館である（その後、一般の人たちも利用可能になった）。これを模範にしてアメリカの他の都市にも図書館が開設されるようになった。フランクリンは次のように書いている。

「私たちの図書館そのものも大したものになったばかりか、なおも膨脹《ぼうちょう》しつづけている。アメリカ人全体の知識水準を高め、平凡な商人や百姓の教養を深めて諸外国のたいていの紳士に劣らぬだけのものに仕上げたのは、これらの図書館である。また、思うに、全植民地の住民がその権益を擁護するためにあのようにこぞって抗争（引用者注—独立戦争）に立ち上ったのも、幾分かはこれが影響によるものであろう」

公共の図書館が、市井《しせい》の人たちの知的水準を高めるのに大きな役割を果たし、一七七五年に始まったアメリカ植民地のイギリスからの独立戦争にも寄与することになった。ちなみに、フランクリンはアメリカ独立宣言書の起草委員の一人に名を連ねている。

図書館とインターネット空間

『もうすぐ絶滅するという紙の書物について』という本を先にとりあげた。この本の対談者の一人であるエーコには『薔薇の名前』（東京創元社）という有名な小説がある。

十四世紀の北イタリアのカトリック修道院のスクリプトリウム（写本をおこなう写字室）を舞台に発生した連続殺人事件の真相を、修道士と見習修道士が解き明かしていくというストーリーである。映画化もされている。

エーコは『もうすぐ絶滅するという紙の書物について』のなかで、『薔薇の名前』の構想を思いついたときのことを語っている。

「イェール大学のスターリング図書館で仕事をしてたんですよ。夜、中二階で仕事をしていると、ここでなら何が起こってもおかしくないという気がしました。中二階に上がるのにはエレベーターもありませんでしたから、ひとたび仕事机に向かってしまえば、誰かが助けに来てくれるはずもない。殺害された数日後に、書架の下に押しこまれているのを発見されたとしても不思議ではありません。こういうすべてを保存するような雰囲気は、記念碑や墓に漂う雰囲気にも似ています」（工藤妙子訳、以下同じ）

つづいてエーコは述べている。学位論文を書いていたとき、サント＝ジュヌヴィエーヴ図書館で多くの時間を過ごした。こういう古いタイプの図書館では、実際にまわりを本だらけにして、読んでメモを取ることに没頭できた、と述べている。

サント＝ジュヌヴィエーヴ図書館は世界で最も美しい図書館の一つとされていて、パリのパンテオンの近くにある。十九世紀のフランスの建築家が設計した公共図書館である。

エーコはつづけて言う。「コピー機があちこちに置かれるようになったときが、終わりの始まりでした」

書物を複写して家に持ち帰ることができるようになったので、家じゅうがコピーだらけになり、ひとたびコピーを所有してしまうと、その本はもう読まなくなってしまうという。たしかにコピー機がない時代の学生のほうが勉強したと言われている。

「インターネットの場合も状況は同じです。プリントアウトすれば、またしても家じゅう文書だらけになって、しかもそれを読みません。かといって、プリントアウトせずに画面上で文章を読むことにすれば、クリックしてどんどん先を検索するうちに、たった今読んだことを忘れてしまい、今画面に表示されているページにたどり着くもとになった事柄も思い出せなくなってしまいます」

インターネットや電子書籍の普及によって「図書館は不要」になるのだろうか。私はそうは考えない。

図書館にはじつにさまざまな本がある。しかも、上手に分類されているから、本の世界がどのような広がりを持っているかを目の当たりにすることができる。分野ごとに、経済学、医学、文学というふうに書棚の領域が明確に区切られている。しかも、図書館は品切れ本に強い。

私は今でも、小学校や大学の図書館の棚の配置や背表紙をおぼえている。手で触って開いて見るだけでもなじむ。本棚の場所をおぼえて、自分の心の中に住まわせるという作業がしやすい。

図書館は「人類の知識の集積所」「知の収蔵庫」「知の殿堂」である。世界の書物を満喫できるのだから、この「アーカイブ」に足を運んでほしい。

この章をしめくくるにあたって、ヴィクトル・ユゴーが『ノートル＝ダム・ド・パリ』（潮文庫、辻昶・松下和則訳）で書いている言葉を紹介しよう。

「司教補佐は……右手を、テーブルにひろげてあった印刷書のほうへ伸ばし、左手を、ノートル＝ダム大聖堂のほうへ差し出して、悲しげな目を書物から建物へ移しながら言った。『ああ！　これがあれを滅ぼすだろう』。ニュルンベルクの名高い印刷機で刷りあげられた二折版の本の上に、折り曲げた人さし指を置いて、じっと立ちつづけていた。やがて彼はこんななぞのようなことばを言い添えた。『恐ろしいことじゃ！　小さなものが大きなものをうち負かすのだ。一本の虫歯もからだ全体を朽ちさせる。ナイル川のネズミはワニを殺し、メカジキはクジラを殺し、書物は建築物を滅ぼすことになるだろう！』」

グーテンベルクが活版印刷を発明して以降、建築は文化の象徴という役割を失った。それ以前は、建築は人類の思想を書き記した重要な帳簿の役目をつとめてきた。しかし、グーテンベルクの鉛の文字が、オルペウス（ギリシア神話に登場する吟遊詩人）の石の文字にとって代わったことで、建築よりもさらに丈夫で、持ちがよいばかりか、もっと簡単で容易な手段を発見した――ユゴーはこんなふうに書いている。

第二章　本を味わい尽くすには

「一期一会」読書

第一章で、本を読むという行為は著者の人格との出合いであると書いた。この章では、その出合いの質を高めるにはどうしたらよいかを、私の経験をふまえて述べていく。


「読みたい気持ちは山々だけど、仕事や子育てで時間がつくれない」

「本を買っても、〝積《つ》ん読《どく》〟になってしまう」

「文字がたくさんある本はちょっと……」

「今は時間がないので、あとで読む」

こんな声が聞こえてくる。

「あとで時間があるときに読もう」という「あとで」の機会など、ほぼありえないと考えるべきである。たいていの人には「いつか時間に余裕のあるとき」など、そうはやってこない。

だから、「本との出合いは一期一会である」と思い定めることが大事である。この瞬間を逃したらもう会えない、今日をかぎりにもう一生会うことはない。そのくらいの気持ちで接する。一期一会の気持ちで本に臨むと、出合いの緊張は確実に高まるし、出合いの質は確実に高くなる。

書き手は一人で部屋にこもって、自分の知らないどこかでこれを読んだ人が喜んでくれるにちがいないと思いながら書いている。完全な孤独ではないが、だからといって、SNSのように始終つながっているのでもない。どこかで自分の本にめぐりあって、「一期一会」の出合いだと思って自分が書いたものを読んでくれたならば、それに勝る幸福はない。そんなふうに書き手は考える。

「本は人格である」。その人格を味わうには、一期一会の出合いであると思って深く読むことが大事なのである。

たしかに、いつでも読むことができるのは本の利点である。ましてやネットワークにつながった「クラウド」上に存在していれば、本というかたちがなくても、「あとで」読むことができる。

しかし、本を読み尽くす、味わい尽くすには、「臨戦態勢で臨まないとダメ」と私は考える。武道にしろ芸道にしろ、師匠から口移しで教わるのが常道だった。能の指導も人から人への口伝《くでん》が基本である。だから、「あとで」などとは言っていられないのである。読書もこれと同じように考えたい。「精神の緊張をともなう読み方」をすると得るものは大きくなる。

自分を本にかかわらせる——線引き、付箋、書き込み

私は本を読むとき、三色ボールペンで文章に線を引いたり、書き込みをしたり、付箋を貼ったり、頁の端を折ったりしている。

私の本には、自分がエネルギーをそそいだ証しが線引きや書き込みというかたちで残っている。だから、それらの本を処分することができないでいる。

しかし、参考書や情報本にマーカーで色塗りをする人は多くても、ふつうの本に線を引いたり、丸で囲ったり、書き込みをする人はけっして多くないであろう。本を大事にすることと逆の行為にあたるとして、嫌う人もいる。

自分が三色ボールペンを駆使して本を読んでいるから言うのではないが、本に自分の読んだ印を残さないのは、本に対して逆に失礼にあたるのではないかと思う。線を引いたり書き込みをしたりするのが本に失礼なのではなくて、逆にそうしないのが失礼であると私は考える。

著者が全力を尽くして書いたのだから、読み手もエネルギーを注力して読むべきである。そうすることで、自分をしっかりと本にかかわらせることができる。

私の場合、三色の使い分けは、緑色は本筋とは関係なくてもいいから主観的に「面白い」と思ったところ、青色は「まあ大事」というところ、赤色は本の主旨からして「すごく大事」だと考えるところに引く。そうすると、たとえば赤色の部分をたどれば、本の基本的な要旨がくみ取れる。

しかし、実際に線を引くときには、すこし勇気がいる。自分の価値観や判断が線を引いたところに表れ、刻印として残ってしまうからである。もし他の人が見たら、「なんと的外れなところに注目したのだ」と言われかねない。それでも線を引く。この一回一回の積み重ねが本を読む力を鍛えてくれる。

たんに目で追うのとちがって、線を引きながら読むことで、その本が自分のものとなる。線を引くという行為は、どこに線を引こうかと頭を使うから、自分を積極的に本の中身にかかわらせていくことにつながる。

もし偉大な人物と三十分でも会って話ができたら、大きな影響を受けるにちがいない。一生の記念にもなる。それが偉大な人物の証しでもある。本のあるページを開いたときに、ハッと思った二、三行に線を引く。それはからずも、著者の人格から影響を受けたところに線が引かれ、書き込みがなされるのである。こうした線引きや書き込みは偉大な人物にわずかの時間接見したのに匹敵する。

素読——言葉のリズムや呼吸を身体に入れる

戦前までは子どもに素読《そどく》をさせる伝統があった。「音読」は目の前の文を声に出して読むことだが、「素読」は、先生が読みあげる声を耳で聞き、それをオウム返しにする。素読は音読とならんで、優れた学びの方法であり、効果的な読書の方法である。私はずっと素読の復権を唱えてきた。

江戸時代の寺子屋では素読が中心になっていた。素読のテキストとして『論語』を中心とした儒教のさまざまな名言をまとめたものに『童子教《どうじきょう》』がある。鎌倉時代から明治の中ごろまで使われた教訓書である。ほかにも『実語教《じつごきょう》』などさまざまなテキストがあった。私も『童子教』や『実語教』の子ども向けのテキストを編んだことがある。

『童子教』や『実語教』には、たとえば、「良薬雖苦口　用病必在利」——「良薬は口に苦しといえども、病に用いて必ず利あり」と読むが、今の小学生にあたる江戸時代の子どもたちは、こんなにむずかしいものを素読していたのかと驚かされる。

寺子屋では、小学校一年ぐらいの子が、素読というかたちで、先生が言ったことを復唱しながら、意味は完全にはわからないまま、徹底的に身体に刻み込んでいた。そうした勉強の仕方のほうが効果的だったのである。

先にとりあげたドーア教授は『江戸時代の教育』のなかで、「素読の教材であるから、大部分意味がわからなくても問題ではなかった。素読の目的は——子供に理解し得る程度のやさしい語句の説明を時折交えて――『読下し』を学ぶことであって、内容の完全な理解に達することではないからである」（松居弘道訳）と述べている。

今の小学校の六年間で使う教科書を見ると、嚙みくだいて書かれていて、わかりやすいが、平易すぎる。江戸時代の嚙みごたえのある素読のテキストとは対照的である。

素読においては、意味はわからなくてもいいから、先生が読みあげるテキストをそのままマネして声に出して、まずは言葉のリズムや呼吸を身体に入れる。意味はあとからおのずとわかってくる。そうしたやり方が日本の文化だったのである。急がば回れで、素読によって身体に刻み込めば、それが一番吸収率の高い読書法であることを、江戸時代にはわかってやっていたのである。

『福翁自伝』によると、福澤諭吉は幼いころは「手習いもしなければ本も読まない」子どもだったという。しかし、それでは外聞が悪いので田舎の塾に行くことにした。ところが、塾のほかの者は『詩経《しきよう》』（講談社学術文庫）や『書経《しよきよう》』（中国古典新書）というレベルの高い本を読んでいるのに、十四、五歳にもなっていた諭吉は『孟子』（講談社学術文庫）の素読だったという。それでも、意味を解することになんの苦労もなくなり、思いのほか早く上達した。数人が集まって同じ書物を読み合って、その内容や意味を論じ合うと、必ず勝ったという。

こうしておびただしい数の漢書の素読によって力をつけた諭吉は、『春秋左氏伝《しゅんじゅうさしでん》』（孔子の編纂と伝えられている歴史書『春秋』の注釈書。岩波文庫）に入れ込んだ。たいがいの書生は全十五巻のうち三、四巻でおしまいにしてしまうところを、諭吉は全部を通読し、しかも十一回も通読をくり返し、面白いところは暗記していたという。

明治日本という近代国家を造りあげたのは、福澤諭吉をはじめとする江戸時代の素読中心の学習をしてきた人たちであった。問題解決型の学習とは正反対にみえる素読を技《わざ》として身につけた人たちが、植民地化の波から日本を救い、欧米列強に追いつくという大きな「問題解決」をなしとげたのである。

音読──著者の声を味わう

素読についてふれたが、私は著者の肉声が聞こえてくるように読むように心がけている。本を味わい尽くすように読むと著者の肉声が聞こえてくる。そんなことがあるはずはないと思われるかもしれないが、私は自分の経験からそう言える。自分の好きなマンガがアニメ化されたとき、声優たちの声に対して、「これはピッタリ！」「この声は違う」などと感じるのは、声をなんとなく想像してマンガを読んでいるからだ。

本はたんなる活字の羅列のように見えて、じつは著者がふだんしゃべる言葉よりも、ずっと凝縮された言葉になっている。それを著者の生身の声に解凍する作業が「音読」である。

学校の授業で読み（音読）と思考を中心とした授業法を提唱した教育者がいる。明治、大正、昭和を生きた芦田恵之助《えのすけ》は、小学校の国語の授業で「七変化《しちへんか》の教式《きょうしき》」（芦田教式）を創設した人である。

一時限の授業を七つに区切り、①「よむ」（音読）、②「とく」（話し合う）、③「よむ」（教師が模範で読み、生徒は黙読）、④「かく」（子どもは自分のノートに視写し、教師は同じ内容を板書する）、⑤「よむ」（板書した内容を音読）、⑥「とく」（話し合う）、⑦「よむ」（音読）。

「読む→解く→読む→書く→読む→解く→読む」の七変化が国語の「学びの基本」であるとした芦田教式は、私は単純なようで「効くな」と思った。

ある高校で宮沢賢治の「永訣《えいけつ》の朝」の授業を見たときに驚いた。一回も音読しないで解釈に終始して一時限を終えてしまったのである。

まず音読する。ちょっとわからないところがある。みんなで考える。また読む。そのうえでまた解釈する。また読む。また解釈して、また読む。そうすると、最低四回は声に出して読むことになる。一回目に読んだときと二回目、三回目、四回目では読みの深さが変わってくる。ここがポイントである。

宮沢賢治の「永訣の朝」は、賢治が妹に寄せた深い感情を歌った詩である。

「けふのうちに／とほくへいつてしまふわたくしのいもうとよ／みぞれがふつて

おもてはへんにあかるいのだ／（あめゆじゆとてちてけんじや）／うすあかくいつさう陰惨《いんざん》な雲から／みぞれはびちよびちよふつてくる／（あめゆじゆとてちてけんじや）……」

最初、音読しただけではピンとこない生徒もいる。しかし、先生の話を聞き、自分たちで考えることによって、解釈が深まった読みになる。それをくり返す。これによって、最初に読んだときとまったくちがって、こんなにいいものだったと実感できるようになる。四回も音読すると、宮沢賢治の心がだんだんと迫ってくる。それが正しい意味での解釈というものである。

解釈が先行した頭でっかちの授業になってしまうと、結局、音読しないで終わってしまう。古文や詩や和歌を音読しないでどうするのか。私は音読抜きで解釈ばかりする授業には反対である。原文を噛みしめるという、その喜びに代わるものはないのである。

古文も同じである。小学生たちに『平家物語』（岩波文庫、全四冊）の那須与一《なすのよいち》の場面（巻第十二）を声に出して読んでもらった。

「願はくはあの扇の真ん中射させてたばせ給へ。これを射損ずるものならば、弓切り折り自害して、人に二《ふた》たび面《おもて》を向かふべからず。いま一度本国《ほんごく》へ迎へんとおぼしめさば、この矢はづさせ給ふな……」

一回目に読んだときには、みんなまだピンとこない。

そこで、「この場面はね、矢を射るのに失敗したら自害しなきゃいけないかもしれない場面。しかも風も吹いていて、九九パーセントだめそうなんだよ。きみたちならどうする？　そうしたら、神様にお祈りするよね」などと言ってから、もう一度音読させる。

そうすると、「おお！　おお！」といった感じになる。原文だけでなく、現代語訳も音読させる。そのうえで「どっちがいい」と訊くと、一〇〇人ほどの生徒全員が原文のほうがいいと言う。

これは小学生なりに原典の持つ言葉の力を感じとっているのである。

口語訳はもちろんわかりやすいが、『平家物語』はそもそも「語られる物語」としてつくられたので、原文を音読しなければ、言葉の持つ力を感じることができないのである。

孔子は弟子たちに『詩経』を声に出して読むように説いた。「おまえたちは、どうしてあの詩三百篇を学ばないのだ。詩を朗誦《ろうしょう》すれば、志や感情が高められ、ものごとを観る目が養われ、人とうまくやっていけるし、怨《うら》むようなときも怒りにまかせることなく処することができるようになる。近く父に仕え、遠く国君に仕えるのにも役立つ」

黙読では目と頭しか使わないが、音読すると口と耳も使う。また、きちんと文章を音読するためには、内容を理解している必要がある。字面を追っているだけでは、イントネーションや声の強弱がおかしくなるからである。

音読は本を味わい尽くすのに大きな効能がある。

生きたかたちで読む

素読や音読は本を味わい尽くすのに大きな効能があると書いたが、「生きたかたち」で読まなければ本当の味わいがわからない本もある。イスラム教・宗教学の泰斗《たいと》、井筒俊彦氏が口語訳した『コーラン』（岩波文庫、全三冊）はその一つである。

「（アッラーこそは）汝らのために大地を置いて敷床《しきどこ》となし、蒼穹《そうきゅう》を（頭上に）建立し、蒼穹から雨を下して様々の果実をみのらせ、それで汝らの日々の養いとなし給うたお方。されば偶像のたぐいを、それと知りつつアッラーとひとしなみに崇《あが》めたりしてはならぬぞ。……」

『コーラン』は言うまでもなくイスラム教の聖典である。その『コーラン』について井筒氏は、次のように述べている。

「歴史家のトーマス・カーライルですら『コーラン』には辟易《へきえき》し、こんな退屈な本はないとサジを投げたという。しかし、それは『コーラン』がもともと退屈な本であったからではなく、カーライルには、『コーラン』を生きたかたちで読み、生きたかたちで理解するための技術が欠けていただけのことである。『新約聖書』でも読むようなつもりで、それとまったく同じ態度で『コーラン』を読むから、退屈でつまらないということにもなりかねない」（井筒俊彦『「コーラン」

を読む』後記より抜粋、岩波現代文庫）

このように書いた井筒俊彦氏は、「読む」という行為は、ときに「書く」ことにまさる創造的な営みだとして、『コーラン』を味わい尽くすために「生けるコーラン」の次元へと読者を導こうとする。

『コーラン』はリズムがたいへん美しいから、訳文の字面を追うように読むのではなく、朗唱して気持ちがよくなるように読まなければいけないのである。

今でもイスラム圏では、『コーラン』を幼い子どものころから体を前後に揺さぶりながら、みんなで暗誦している。そうすることで、『コーラン』の言葉が音楽の調べのように自分の中に入り、そして自分の中から湧き出る。これが井筒氏の言う「コーランを生きたかたちで読む」ということなのである。

井筒氏は『コーラン』は神の生の声であるとして、次のように述べている。

「例えばマタイだとかヨハネだとかいう記録者がいて、その人が自分の筆で話しをあとから纏《まと》めて行ったものではなくて、直接じかに神自身がマホメットにのりうつって、その口を借りて話しかけて来るその言葉をその時その場で記憶に留《とど》めたものである。なまの神様の語りかけである。だから、よほど荘重にやらないとすこぶる滑稽《こっけい》になる」

唯一無二の神アッラーを前にして、預言者ムハンマド（マホメット）は、自分の心に聞こえてくる言葉に聞き入る。そして、ムハンマドはひとりでに、耳にした神の言葉を発声しながらなぞっていく。そうしたかたちで神アッラーは預言者ムハンマドに語りかけている。『コーラン』はムハンマドの口を借りた神の言葉として成立したのである。

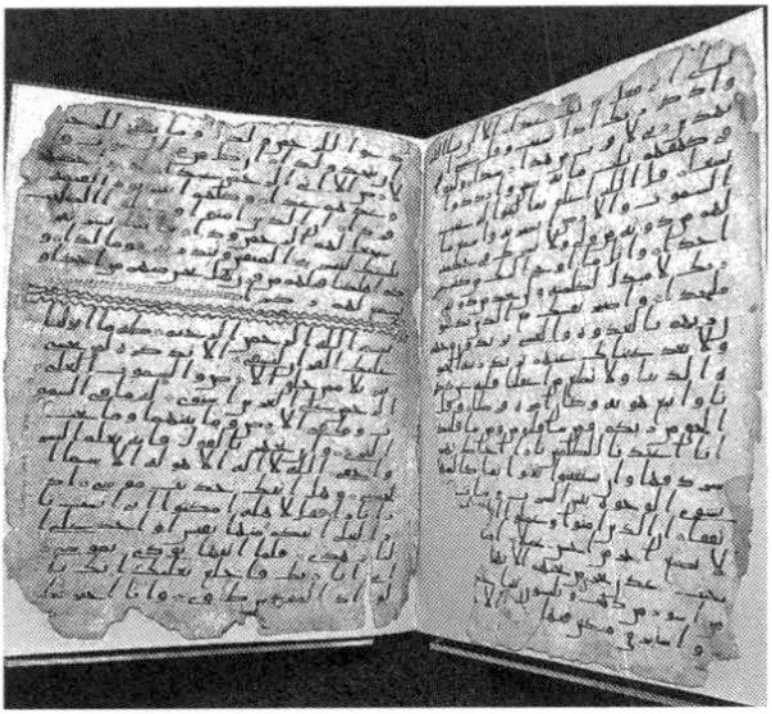

イギリス・バーミンガム大学で発見された世界最古級の『コーラン』の一部（羊皮紙）

だから、『コーラン』は、ムハンマドが耳にした神の言葉を口に出してなぞったような気持ちで読まなければならないのである。

『コーラン』の成り立ちを知ると、たんなる情報は私たちの魂には届かないばかりか、感じること、考えることを阻害することがわかる。

声というものは人を生き生きさせる。井筒氏は、『コーラン』の原語の「クルアーン」は、もともと「読誦《どくしょう》」を意味したと述べている。読誦とは声に出して読むことである。井筒氏は「この聖典は目で読むよりも、文句の意味を理解するよりも、何よりも先にまず声高く朗誦されなければならない。（略）始めて本格的な『カーリウ』（コーラン読み）の朗唱を聴いた時、僕はやっとこの回教という宗教の秘密がつかめたような気さえしたものだ」と述べている。

身体で読む

作家の古井由吉《よしきち》氏と文学雑誌で対談したおり、ペンがうまく乗らない日のことを「調子が悪いときには自分が音痴だと感じる」とおっしゃっていた。

書く文章についてのことなのに、音楽のことのようにたとえる。私は、古井氏は文章を身体でとらえているのだと思った。

さらに、調子の悪い日には「漱石を音読する」ともおっしゃっていた。古井氏は芥川賞選考委員も務めた純文学の大家である。その人が、漱石の作品を音読すると〝音痴〟が治るという。

音痴というのは文章におけるリズムがおかしいことをおっしゃっているのだと思うが、私はとても印象に残った。

古井氏は、森鷗外ももちろんいいが、ちょっと格調が高すぎるとも言われた。漱石で日本語の感覚を直すというのが、一流の小説家である古井氏の自分の取りもどし方なのである。古井氏にとっては、「漱石を音読する」のがポイントなのである。

もし漱石の『坊っちゃん』(岩波文庫)の一頁分を原文によく似せて書き換えたものを読んでもらったとしたら、おそらくその頁だけは漱石の筆によるものではないと、だいたいの人がわかってしまうだろう。漱石は身についた落語のテンポを生かしながらこの小説を書いているからである。

近代の日本語をつくった夏目漱石の作品は、最善のテキストである。イギリス文学に通じている一方で、漢文の素養があり、作品には落語のような面白さも織り込まれている。

『坊っちゃん』には全体にシャキシャキした勢いがあり、主人公「坊っちゃん」の歯切れのいい江戸弁と、「(坊っちゃんの江戸弁が)あまり早くて分からんけれ、もちっと、ゆるゆる遣《や》って、おくれんかな、もし」というゆったりした松山弁との好対照もある。

私は小学生一〇〇人ほどと何度か『坊っちゃん』を全文音読したことがある。これを「音読破」と呼んでいる。

『坊っちゃん』を音読で読み切るのは物理的には可能であるが、体力的、精神的にそれなりの負担を伴う。「疲れた」「もういやだ」と子どもたちから文句が飛びだす。何度も中断するたびに姿勢を直し、深呼吸をさせ、「さあ、つづけよう」と笑顔で励ます。

その音読は数時間にも及ぶが、やがて子どもたちの表情が変わっていく。自分のエネルギーを使って身体全体で『坊っちゃん』を読んでいる充実感を感じているのである。

読み終えるころには、歯切れのいい声に変わっている。文章もスラスラ音読できるようになっている。身体に勢いが出て、音読を始める前とくらべると雲泥の差である。

熱量を味わう

本は非常なエネルギーを傾けて書かれている。著名な作家でも苦労に苦労を重ねて書いている。そそがれたエネルギーが大きい本はおのずと熱量を持っている。司馬遼太郎は新しい作品の執筆にとりかかるとき、あらかじめ膨大な資料を収集した。作品のテーマにかかわる本や文献などの資料が神田神保町の古書店街からそっくり消えたという伝説まである。

そして、集めた資料をとことん読み込んで、文字へと落とし込んでいく。わずか数行の文章の背後に一冊の本や文献があったかもしれないのである。『歳月』（講談社文庫）という江藤新平を主人公にした歴史小説を書いたときにも、数年間をこの小説の執筆だけに費やして、「エネルギーを使い果たした」と語っている。

井上ひさしも、膨大な資料を収集して、徹底的に読み込んでから作品を書くことで知られていた。司馬遼太郎と同じ資料を探していて、一足ちがいで先を越されたというエピソードもある。

司馬遼太郎にしても井上ひさしにしても、膨大な資料を読み込みながら、文章に表れるのはほんのわずか。司馬遼太郎は、さんざん調べて読んだ最後の一滴みたいなもので書くのだという意味のことを言っていた。

書き手が脳みそを絞りだした知の結晶を、私たちは本というかたちで目の前にしている。だから、書き手の熱量、エネルギーを味わうことなくして本を読んだとは言えない。

たとえば太宰治の短編『駈込《かけこ》み訴え』（『走れメロス』新潮文庫所収）も熱量にあふれた作品である。

『駈込み訴え』は『新約聖書』から題材を採った作品で、「申し上げます。申し上げます。旦那《だんな》さま。あの人は、酷《ひど》い。酷い。はい。厭《いや》な奴《やつ》です。悪い人です。

ああ。我慢ならない。生かして置けねえ……」と、キリストを裏切ったユダによるキリストへの誹謗《ひぼう》からはじまる。

キリストに対する愛が深すぎて、憎しみに変わってしまう。自分が愛するほどにキリストは自分を愛してくれないというユダの愛憎《あいぞう》なかばする気持ちが全編にあふれている。

私たちはユダの生の声を聞くことはできないが、太宰が自らに憑依《ひょうい》したように書くと、ユダの心の声が聞こえてくるような気がする。

熱量のある作者の本は、著者自身が読み手の目の前で読み聞かせてくれているような生身の感覚がある。

太宰治に実際に会った人たちのなかには、太宰はそれほど面白い人ではなかったという証言もある。太宰治の肉体は、むしろ文章に、より色濃く表れている。

そんなふうな味わい方で読むと、太宰の文章がとてつもなくうまいと実感できるし、太宰の奔流が読み手に流れ込んでくる。太宰が血涙《けつるい》をしぼって書いたものが、血となって私たちに流れ込んでくる感じなのである。

太宰は口述筆記をよくやったそうである。『駈込み訴え』も、妻の美知子が太宰の口述を筆記したものである。美知子によれば、「盃をふくみながら全文、蚕が糸を吐くように口述し、淀《よど》みもなく、言い直しもなかった。ふだんと打って変わったきびしい彼の表情に威圧されて、私はただ機械的にペンを動かすだけだった」という。

作品を口述できる能力もすごいが、とんでもない日本語の達人でもある。しかも、たんに日本語の知識だけではなくて、文章に太宰の生命が宿っている。その言葉が著者の精神の化身のように奔流となって読み手に流れ込んでくるのである。

ニーチェは言っている。

「いっさいの書かれたもののうち、わたしはただ、血をもって書かれたもののみを愛する。血をもって書け。そうすれば君は知るであろう、血が精神であることを。……血と寸鉄の言《ことば》で書く者は、読まれることを欲しない。そらんじられることを欲する」（『ツァラトゥストラ』「読むことと書くこと」、中公文庫、手塚富雄訳）

ニーチェは、ただ読むのではなく、熱い血潮で書かれたものは暗唱してしまうぐらいに読み込まないとだめだと言っている。

本を味わい尽くすことで、賢人のエネルギー、賢者の熱量が自分に移ってくる。情報は「こうこうです」という無味乾燥の事柄だが、偉大な著者の偉大な本は私たちの「心に火をつけ」、「生きる力が湧いてくる」。


トルストイの『戦争と平和』（新潮文庫）も熱量にあふれている。ロシアに侵攻したナポレオン軍に対して発揮されたロシア人の民族性を描いたこの長編は、人生に迷う若者たちが自分探しをつづける成長の物語でもある。

この小説はとてつもない長編である。登場人物は数百人を超え、いくつもの物語が交錯している。よくぞこんな本が書けたと思うが、トルストイ自身、なんでこんなに苦しい思いをしなければいけないのかと言いながらこの本を書いたそうである。この本の熱量も半端ではない。

ニーチェの『ツァラトゥストラ』も熱量にあふれている。この本は翻訳が何種類も出ている。私はそれらを読みくらべたが、それぞれの訳者の特徴は多少あれども、一頁読んだだけで、ニーチェの文体だとわかる。

文体、口調にニーチェ独自のものがあり、なおかつ熱量を持っている。訳してさえも、熱量が失われていないのである。

私が大学の講義で、ニーチェ的なエッセーを書いてくるようにと学生に課題を出すと、学生たちはみな、『ツァラトゥストラ』の歯切れのいい文体で書いてくる。ニーチェの圧倒的な熱量が学生たちにも伝わっているのである。

ドストエフスキーの最後の長編『カラマーゾフの兄弟』も、どの訳を読んでも、ドストエフスキーのとんでもない熱量が伝わってくる。訳の多少のちがいを超越して、トルストイともちがう、プルーストともちがう、ドストエフスキーでしかないようなもので成り立っている。一頁一頁からドストエフスキーが立ち上がってくる。

余談だが、宝塚歌劇団がドストエフスキーの『罪と罰』を舞台化するにあたっておこなったプロモーションの一環として、私は、同じドストエフスキーの『カラマーゾフの兄弟』の一場面を、大阪の女性を中心にした講演会で聴衆と一緒に音読したことがある。

宝塚の出演者と一緒に舞台に立って、カテリーナがアレクセイ・フョードロヴィッチ（アリョーシャ）に向かって叫ぶ場面を音読してみてくださいと私がリードした。

すると、「『あれは虎だわ！』とカテリーナ・イワーノヴナが声を振り絞って叫んだ、『なぜあなたはわたしを引き止めたんです？　アレクセイ・フョードロヴィッチ、わたしあの女を思うさまひっぱたいてやったのに、ひっぱたいて！』」などと、みなさん初めてなのに大変上手に読んでくれて、大いに盛りあがった。

私は、わずか一頁であっても、ドストエフスキーの熱量があふれてくるのを感じた。

著者に私淑する

本を読み尽くす、味わい尽くすには「著者に私淑する」つもりで読むといいと私は考えている。

「私淑」は『孟子』の「子は私《ひそ》かにこれを人よりうけて淑《よし》とするなり」に由来する。直接教えを受けたわけではないが、著作などを通じて傾倒して師と仰ぐことを「私淑」と言う。

著者に私淑して著者の視点を取り入れることで、複眼的に物事を考えられるようになって、読書の質は確実に高くなる。

私淑するつもりで読書をすると、自分の頭の中に著者の価値観や人生観が入ってくるから、「読書の前の自分」と「読書の後の自分」は同じではいられない。むしろ、その二つが同じままであったとすれば、本を味わい尽くしたとは言えない。

読書は「変わっていく自分」を楽しむ行為でもあるから、自分の中にいろいろなものの見方・考え方がいりまじり、少しずつ変わっていく楽しさを知れば、おのずと読書の量は増え、質も上がっていく。

私は十代の後半のころ、ロマン・ロランに私淑して、彼の『ジャン・クリストフ』(岩波文庫、全四冊)という長編を、毎日少しずつ読むのを日課にしていた。

寝る前にベッドで読むと決めて、一日に五〇頁ほどしか読まないようにしていたので、一か月では読み終わらなかった。いったいいつまでつづくのだろうと思いながも、ゆっくりと味わっていた。

主人公のジャン・クリストフはベートーヴェンをモデルにしていると言われる。音楽家のクリストフが生まれてから死ぬまでを描いて、恋愛などさまざまに傷つきながらも闘うことをけっしてやめない。まさに大河ドラマである。青年期の読者は、これからの人生でこんなことがさまざまに起きるんだなと、わくわくしながら読むことになる。

私もその一人で、途中から読み終わるのが惜しくなり、あまり急いで読まないようにしたほどであった。ちょっとずつ読み進めながら、何か自分が少しずつ成長していくようで、いい気分に浸った。

ロマン・ロランは『ジャン・クリストフ』第十巻「新しき日」の「序」でこんなふうに書いている。

「今日の人々よ、若き人々よ、こんどは汝《なんじ》らの番である！　われわれの身体を踏み台となして、前方へ進めよ。われわれよりも、さらに偉大でさらに幸福であれよ。予自身は、予の過去の魂に別れを告げる。空《むな》しき脱殻《ぬけがら》のごとくに、その魂を後方に脱ぎ捨てる。人生は死と復活との連動である。クリストフよ、よみがえらんがために、死のうではないか」（豊島与志雄訳）

主人公がいろいろな体験を通して内面的に成長していく過程を描いた小説を、ドイツ語で「ビルドゥングスロマン」と言う。「教養小説」と訳されるが、「自己形成小説」という訳もある。私はこちらのほうがいいと思っている。いずれにしても、教養と自己形成がイコールの感じになっているのがビルドゥングスロマンというもので、なかでも『ジャン・クリストフ』はビルドゥングスロマンの典型である。

ロマン・ロランは『ジャン・クリストフ』を書く以前にベートーヴェンやミケランジェロ、画家のミレーなどの伝記を書いていた。『ジャン・クリストフ』を読みおえた私は、『ベートーヴェンの生涯』『ミケランジェロの生涯』『ミレー』（いずれも岩波文庫）をつづけざまに読んだ。

こうしてロマン・ロランに私淑していった私は、前へ向かっていく彼の明るい思想が、青年期の自分に流れ込んでくるのを感じた。そして、「読書の後の自分」が「読書の前の自分」とはちがっていることに気づかされた。

私はほかにも、日本人の教養書とされた、阿部次郎『三太郎の日記』（角川選書）、倉田百三『出家とその弟子』（新潮文庫）『愛と認識との出発』（岩波文庫）、和辻哲郎『古寺巡礼』（岩波文庫）、西田幾多郎『善の研究』（講談社学術文庫）などにも、十代のころにはまりこんだ。

ある一定の期間、一人の著者と「共に過ごす」、一人の著者に「私淑する」という時期があると、人間的に深まる。

私の場合は、たとえばこの一か月間は「ロマン・ロラン月間」と決めて、一人の著者と過ごすというやり方をした。全集を読むのに近いかたちでロマン・ロランの本をどんどん読んでいく。その間はまるでロマン・ロランが自分に憑依したようになって、「けっして失敗しなかった者は、何もしなかった者である」などとつぶやいて、ロマン・ロラン的になっていたりした。

今月は「夏目漱石月間」、来月は「太宰治月間」、さらに次の月は「ドストエフスキー月間」というふうに手帳に書いて設定する。そして、その設定に沿って、一か月間はその著者と付き合うというか、「私淑」して教えを請うというやり方は、情報収集としての読書とはまったくちがう出合いがあった。

ちがった著者の本を並行して読むのもいいが、ある時期、ある期間、一人の著者に私淑する、染まる、はまるのもいいやり方だと思う。

引用ができてこその読書

本を読んだという体験があるだけでは意味がない。それが自分の血や肉となって、折にふれて、その書物の内容が引用できるまでになることが大事である。

『論語』(ちくま文庫)にこんな話が載っている。

孔子は「述べて作らず、信じて古《いにしえ》を好む」と言った。「私は古くから伝わる教えを述べているのであって、新しく作り出しているのではない。先人の教えを信じ、古くてよいものを好んでいるだけだ」という意味である。

孔子は古典のなかでも『詩経』を非常に好んでいた（孔子の編纂とする説もあるが未詳）。『詩経』は中国最古の詩集で、前九世紀から前七世紀にかけての詩が三〇五篇収められている。

弟子の子貢《しこう》が「貧しくてもへつらわず、金持ちでもいばらないというのは、どうでしょうか？」と尋ねると、孔子は「悪くはないね。だが、貧しくてもなすべき道を楽しみ、金持ちでも礼儀を好むというのには及ばない」と答えた。

そこで子貢が「『詩経』に『切るがごとく、磋《す》るがごとく、琢《う》つがごとく、磨くがごとし』（切磋《せつさ》琢磨《たくま》）と書いてあるのは、そのことを言っているのでしょうね」と言うと、孔子は「子貢よ、それでこそはじめて詩（引用者注―『詩経』のことを古くはたんに『詩』と呼んでいた）の話をいっしょにできるね。ひとつ言えば、次をわかってくれる（言葉のやりとりが楽しめるね）」と答えた。

「切磋琢磨」は『詩経』にある言葉だったのである。

子貢が『詩経』の一節を引用したので、ようやく『詩経』について語り合えると、孔子はとても喜んだ。孔子は『詩経』が引用できるまでに深く読んだ弟子がほしかったのである。

『詩経』というテキストを共有して、しかも、それを会話のなかで自在に引用することができるという関係性をつくることが、孔子にとっての教養のある集団、志のある集団だったのである。

だから、仮に弟子たちが『詩経』を読んでいない、あるいは読んでいても引用できるまでになっていないとなると、孔子が『詩経』に言及したとき、ピンとこないことになってしまう。

孔子が『詩経』を重視していたことがよくわかる逸話が『論語』に載っている。弟子の陳亢《ちんこう》が孔子の実子である伯魚《はくぎょ》に「あなたはお父さまである先生から、特別な教えを受けたことがおありですか」と尋ねた。すると伯魚は「いえ、特にはありません。いつか、父が庭に一人で立っておりましたとき、私がそこを小走りで通ると、父が、『詩三百篇を学んだか』と言いました。私が、『いいえ、まだです』と答えますと、父は、『詩を学ばなければ、ちゃんとした発言はできないよ』と言いました。私はその後、詩を学びました」と答えた。

また、孔子が伯魚に言った。「おまえは『詩経』の冒頭の周南《しゅうなん》と召南《しょうなん》の詩を学んだか。あれには道徳の基本が含まれている。人として周南・召南の詩を学ばないというのは、塀にぴったり向かって立ち、先を見ることも先に進むこともできないでいるようなものだ」

孔子は、『詩経』をただたんに教養として読むのではなく、その「実践」を説いた。

「元来、詩は政治にも通じるものだ。しかし、『詩経』の詩を三百篇暗唱していたとしても、内政を担当させても事を達成できず、外交をまかせても相手とわたり合えないのでは、どれほど覚えていても、それは死んだ知識であり、取るに足りない」

『詩経』の言葉が引用できるくらいに血となり肉となってはじめて、実践に供することができるのだと言っている。

「引用ができること」、それが読書の証しである。本を読んだのに引用ができないとなると、それは本当の力にはなっていないことになる。

優れた書き手は「引用の名手」でもある。引用によって表現の豊かさがさらに増しているのである。

『赤毛のアン』（集英社文庫）のなかで、作者のモンゴメリはシェイクスピア作品やアーサー王伝説、聖書の名句を随所に引用している。

「薔薇はたとえどんな名前で呼ばれても甘く香る、と本で読んだけれど、絶対にそんなことはないと思うわ。薔薇が、薊《あざみ》とか座禅草《スカンク・キャベツ》とかいう名前だったら、あんな香りはしないはずよ」（松本侑子訳）というセリフにある「本」とは、シェイクスピア劇『ロミオとジュリエット』のことで、「薔薇はたとえどんな名前で呼ばれても甘く香っているでしょう」というジュリエットのセリフを引用している。

紫式部や清少納言は、この当時の女性にはめずらしく、男にまじって漢籍を読んでいた。だから、『源氏物語』や『枕草子』には、漢籍でつちかわれた教養がふんだんに盛り込まれている。

『枕草子』にこんな一節がある。清少納言が女房として仕える中宮定子《ちゅうぐうていし》（一条天皇の皇后）が「少納言よ、香炉峰《こうろほう》の雪いかならむ」（少納言よ、香炉峰の雪はどうであろうか）と訊いたので、清少納言はすぐにほかの女房に命じて御簾《みす》を上げさせた。

「香炉峰の雪」は、白居易《はくきょい》（白楽天《はくらくてん》）の詩の「遺愛寺《いあいじ》の鐘《かね》は枕をそばだてて聴き香炉峰の雪は簾《すだれ》をかかげてこれを看《み》る」の一節である。出典を知っていた清少納言は、中宮の言わんとすることがすぐにわかって、簾を上げさせたのである。

他の女房たちも白居易のこの詩を知っていたが、簾を上げることまでは、とっさに思いつかなかった。

モンゴメリにしても、紫式部や清少納言にしても、自在に引用できるほどに読んでいたのである。

「引用」について書いたが、いつでもどこでも活用できるように、引用したいと思ったところに線を引きながら読むといい。みんな、いい言葉を知りたいわけだから、引用は得るものが大きい。本を読んだときに、その本からの引用を三つに絞って挙げるようにすると、相手に伝わりやすい。私が教えている学生たちにもやってもらったところ、大変好評だった。

みんながそれぞれ本を読み、プリントをつくってきて、発表をする。プリントには引用を三つ入れるのがルールである。三〇人のクラスで、一〇回おこなう。各人、プリントを人数分用意しているので、三〇〇冊の本のプリントが手もとに残る。それをそれぞれがファイルにする。三〇人がそれぞれ三〇〇冊分のレジュメ・プリントを持つことになったが、学生たちは、そのファイルが宝物になったと言っていた。

たんにファイルにするだけでなく、授業中に説明してもらっているし、その引用文に惹《ひ》かれて次の本を読むきっかけにもなるし、いろいろな引用が頭の中でつながるという効用もある。

アウトプット読書—読んだ本の話を人に語る

私は読書を実りあるものにするための方法の一つとして、読んだ本の内容を人に話すといいと考えている。

たとえば友だちと話しているときに、読んだ本の内容について語ると、たいていは好意的に受け止めてもらえるだろう。もし、うっとうしいと思われるのがためらわれるのであれば、あるいは直接話す相手がいないのであれば、ＬＩＮＥなどで、「こんな本を読んだら、ここの文章が最高だった」という感じで発信するといい。

人に読んだ本の話をすると、場合によっては相手から質問されることもあるが、それがきっかけとなって思考が動きだし、相手に説明することでちがった理解が生まれるという効用もある。読んだ本の中身を人に語ることは、自分が対話した著者の人格を相手に伝えることにもなる。

ところが、大学生に聞いてみると、友だちどうしでまじめな本の話をすることは、かつての大学生にくらべると減ってきている。

「本の話を友だちとする」――こんな当たり前のことが若い人のあいだであまり見られなくなっているのは、危機的な状況だ。

本というと、読むという「インプット」に重きがおかれるが、どれだけ身になったか、人に話せるかを意識した「アウトプット」優先の読書法を心がけると、本から得るものが大いにちがってくる。アウトプットを意識することでインプットが真剣になるのである。

「アウトプット読書」とは、「今読んでいる本の内容を誰かに説明するのだ」というふうに目的を設定して読むことである。人に話すには、本の内容をしっかりと理解し、整理することが必要になる。そのためには、集中して読むことが求められる。

読書をするとき、目的を設定するのとしないのとでは大きなちがいがある。目的を設定しないのは、ゴールがわからずにとりあえず走っているようなもの。目的を設定するのは、目的地にむかって走ること。同じ走るのでも、たどり着くところがちがってくる。

行きつもどりつ読書

第一章で、「『古事記』を読むためにも『万葉集』を勉強しなさい。学問は基礎が大事」と賀茂真淵からアドバイスを受けた本居宣長が三十五年の歳月をかけて『古事記伝』を完成させたことをとりあげた。

『古事記伝』を完成させた本居宣長はすぐに、古学の入門書『うひ山ぶみ』（講談社学術文庫）を一気に書きあげた。『うひ山ぶみ』は「初めての山登り」ぐらいの意味である。ひらたくいえば、学問という山路に分け入る初学者向けに書かれた宣長流の学び方ガイドである。

本居宣長はこんなふうに説いている。遠回りのようだが、『万葉集』をよく読んで、古《いにしえ》の人の言葉と心を理解して、そのうえで『古事記』や『日本書紀』を読めば、からごころ（漢意）にまどわされることなく、日本の古の道がおのずとあきらかになる。

そして、宣長流の読書法が次のように書かれている。

私（宣長）が読むべき本として挙げた書物を読むのに、必ずしも順序を決めて読まなければならないわけではない。順序にかかわらず、あれこれと読めばいいのである。どんな書物を読むのにも、初心のうちは、はじめから文意を理解しようとせずに、おおまかにさらっと見て、他の文献に移り、あれこれ読んで、さらに前に読んだものにもどればいい。それをくり返せば、最初に理解できなかったことも徐々にわかるようになる。

本居宣長が言っている「他の書物を読んで、また最初の書物にもどる」というのは、いわば「行きつもどりつ読書」である。

本について語らう

本を読んだら人に語るといいと書いた。仲間たちと語り合うのは、読書を実りあるものにするのにいい方法である。

私は学生時代、大学の垣根を越えた横断的な読書会を開いた。読書会といっても「○月○日にどこそこの教室で□□を読んだ人が集まろう」というもの。一人も集まらないことがないように、自分と友人の三人ぐらいが中心メンバーになって、最低でもわれわれ三人は集まろうと決めていた。横断的な読書会だから、参加者には顔を知らない学生もいた。

月一回ほどのペースで開かれたこの読書会は、今回はミシェル・フーコーの『監獄の誕生』（新潮社）を読もうとか、次回は丸山圭三郎の『ソシュールの思想』（岩波書店）を読もうとか、レヴィ＝ストロースの『野生の思考』（みすず書房）を読もうなどと決めてやっていた。

みんなで本を読んで語り合いたいという強い気持ちに突き動かされて開かれた読書会に集《つど》った仲間たちは、そのときの精神的な成長を共にした人たちである。

読書会では激論を交わすけれども、そのあとには楽しく飲むこともあった。しかし、ただ飲んで騒ぐのではなく、本を通じてつながる関係性ということで、結束力が生まれていた。

じつは私は、この読書会とはべつに、中学からの友人と本を読んでは語り合うということをやっていた。たとえばドイツの哲学者ハーバーマスのコミュニケーション理論について読んだら、その本についてその日に語り合うというぐあいである。

そんなことを大学から大学院生のころまでくり返していた。これは特殊といえば特殊な環境だったが、本との付き合い方の本来のあり方でもあると思う。著者と一対一で本を読んだら、今度は人と語り合う。それが楽しい。本は人と関係を結ぶ絆にもなる。同じ本を読んだ者どうしは気持ちが通い合う。著者の人格を共有しているからである。

私はこれを大学の授業で実践している。ドストエフスキーの作品を全員に読んできてもらって、「ドストエフスキー祭り」と称して語り合う。「『論語』祭り」「デカルト祭り」などもやる。全員が読んでくるのが前提であるが、なかには読んでこない学生もいる。しかし、そんな学生もみんなが語るのを聴いて、どういう本なのかがわかるというよさがある。

みんなが名著を読んできて話し合う。その教室の知的レベルは、たいへん高い。『罪と罰』を読んできて、教室に集まっている。その状態で話し合っているときの空気感は、大学一年生が一〇〇人集まっているなかでも最も知的なレベルが高い集団ではないかと思わされる。

ニーチェの『ツァラトゥストラ』を課題にしたこともある。一〇〇人が全員『ツァラトゥストラ』の本を持って結集している。それだけで、すごい熱気がある。

ここで、前に書いた「音読」を駆使する。みんなでこのページの何行目から何行目を音読してみようと、音読をそこに入れていくのである。そうすると、言葉が力を持ってよみがえってくる。みんなで音読したときの空気は、一人で黙読しているときの空気感とはちがう。

これはニーチェならではの感じだとか、ドストエフスキーならではとか、福澤諭吉ならではというものが、音読すると、よりいっそうはっきりとわかるのである。ニーチェの精神、ドストエフスキーの精神、福澤諭吉の精神が声によって共有される。

だから、非常に知的な活動ではあるが、チームワークのような一体感ができてくる。これが知的な空気をみんなで共有することの美しい時間であり、学びの空間なのである。

学びは一人よりも何人かでやったほうが、切磋琢磨でよりいっそうやる気が出てくる。そして、その中心に本があって、みんなで語り合ったり、音読したときに、文字に書かれて封じ込められていた精神が立ち現れてくる。語り合うというのは『アラジンと魔法のランプ』の魔法のランプのようなものである。

勝手にチョイス読書

ほんの五分ほど話しただけでも相手の人格がわかるときがあるように、本も数行や一、二頁でわかってしまうことがある。著者の人格は本の端々《はしばし》に現れるので、全文を読まなくてもわかる場合があるからである。ほんの一行でも一生の宝物になることがあるから、全部を読み切らなければいけないと決めつけないほうがいい。

パラパラとめくっていって、「あっ、これだ！」というところに来たら、五分でいいからつき合ってみる。たとえばマキアヴェリの『君主論』(『新訳　君主論』中公文庫）をパラパラとめくっていくと、こんな言葉が目に飛び込んでくる。「われわれ人間の自由意志は奪われてはならないもので、かりに運命が人間活動の半分を、思いのままに裁定しえたとしても、少なくともあとの半分か、半分近くは、運命がわれわれの支配にまかせてくれていると見るのが本当だと、私は考えている」（池田廉訳）

意訳すれば「たとえ運命であろうと、自分しだいだ。ふりまわされずに思い描いた未来を手に入れよう」となる。

『共産党宣言』（岩波文庫、大内兵衛・向坂逸郎訳）の冒頭を開いて読んでみる。「ヨーロッパに幽霊が出る――共産主義という幽霊である。ふるいヨーロッパのすべての強国は、この幽霊を退治しようとして神聖な同盟を結んでいる。法皇とツァー、メッテルニヒとギゾウ、フランス急進派とドイツ官憲……」

共産主義が好きか嫌いかはべつとして、マルクス、エンゲルスは頭がいいな、こんなにわかりやすい言葉で、こんなに世界の実情をクリアに述べているのか、どうりで世界じゅうに影響を与えたわけだということが、なるほどという感じでわかる。

三島由紀夫の『金閣寺』(新潮文庫)のパッと開いた頁に目をやる。

「そのようにして金閣と人間存在とはますます明確な対比を示し、一方では人間の滅びやすい姿から、却《かえ》って永生の幻がうかび、金閣の不壊《ふえ》の美しさから、却って滅びの可能性が漂ってきた。人間のようにモータルなものは根絶することができないのだ。そして金閣のように不滅なものは消滅させることができるのだ。どうして人はそこに気がつかぬのだろう。私の独創性は疑うべくもなかった」

なんでこんなものが書けるのか、三島由紀夫は天才だなと感じる。

谷崎潤一郎の『春琴抄』(新潮文庫)をパッと開いて読む。

「過日彼女が涙を流して訴えたのは、私がこんな災難に遭った以上お前も盲目になって欲しいと云う意であった乎《か》そこ迄は忖度《そんたく》し難《がた》いけれども、佐助それはほんとうかと云った短かい一語が佐助の耳には喜びに慄《ふる》えているように聞えた」

谷崎潤一郎はなんでこんなものを書けるのかと、わずか数行で納得させられてしまう。

読書は「これぞというところを勝手にチョイス」式でもかまわない。読書はどうしても受け身になりがちだが、大事なのは、自分が主体になって、自分から働きかけて読むことなのである。

身読と味読

身になる読書――身体で読むという意味での「身読《みどく》」。

そして、味わって読むという意味での「味読《みどく》」。

私はつねづね、「心に賢者の森を持っているか」という問いかけをしてきた。その森を育てるためには、身体をもって味わって読む、この二つの「みどく」が欠かせない。

偉大な賢者がいて、それを自分の心の中に入れていく。そうすると、内側から心の声のように偉大な著者が語りかけてくる。不正に手を染めそうになったとき、孔子が心に住んでいれば、ふと孔子の言葉が浮かんできて、「ああ、不正なことをやってはいけないんだ」と思いとどまる。

ふと湧き上がってくる内面の声は、自分の声だと思うかもしれないが、じつは他者の声であったりする。もともと精神は他者の言葉で多くができている。ほかの人の思考がどんどん入り込んできて、精神や価値観が形づくられている。だから、偉大な人間がいるかいないかは大きなちがいなのである。

朱に交われば赤くなるという言葉がある。これはよくない意味だが、逆に、偉大な本の、偉大な賢者にふれて、心を染めて賢者の森をつくっていく。同じ他者の言葉なら、賢者の言葉を心に刻み込みたい。

情報を支配する者が世界を支配するような状況になっている今の時代、私たちは情報をすべて握られて操作されているような感じさえする。GAFA《ガーファ》（グーグル、アップル、フェイスブック〔現・メタ〕、アマゾン）などに代表される「プラットフォーマー」と呼ばれる巨大ＩＴ企業がビッグデータを握って、すべてを支配しているような印象さえある。

そうした状況にあって私たちは心の自由や自立感をどう持てばいいのか。それには、本を身をもって味わい尽くすことで、自分の中に森を育てて、それをしっかりと守ることである。

自分の心に賢者の森をつくる――一〇〇冊の優れた本を読めば、一〇〇人の賢者の言葉が自分の心の中に入ってきて、一〇〇本の木からなる森ができる。そして、心の引き出しから自在に引用することができる。本を身をもって味わい尽くすとは、そういうことなのである。

自分という木は一本しかないから、どんなにがんばっても、自分という木を増やして森にすることはできない。せいぜい木の幹を太らせるか、枝をはりめぐらせて大木にするぐらいが精一杯である。

しかし、そこに他の木を持ってきて植える。そして、移植する木をどんどん増やして定着させたなら、そこは豊かな森になる。だから、身読と味読は欠かせないのである。

身読と味読による賢者の森づくりについて述べたが、ときには、たとえばドストエフスキーの長編小説に登場するような、とんでもない策略家やうそつき、ヒステリックな者や好色な人物といった極端な人たちを知ることも、けっしてマイナスにはならない。

私たちは自分と同じ気質や同じレベルの人とつき合いがちである。そのほうが負担が少なくてすむが、人生の醍醐味は、自分と異なる人とのつき合いからも生まれることを忘れてはならない。

現実の世界では極端な人とつき合うのは閉口するが、本の世界では、いかに強烈なキャラクターであっても、害をこうむることはない。

本と本を結びつけて考える

『もうすぐ絶滅するという紙の書物について』の対談者の一人であるカリエールは、「ある本とある本を隣り合わせに配置する動機は何でしょうか。どうしてほかの並べ方ではなくて、そういう並べ方にするんでしょう。書棚のなかの配列をがらりと変えるのはなぜでしょうか」と投げかけて、書物の場所をときどき入れ替えることは必要だし、そういう習慣をもっていてほしいと説いている。

下のほうにある本は上に持ってきて、不遇を改善してやる。今まで下のほうに置いていた本は目の高さに持ってきて、なにもその本が上に置くに値しない本だからわざとそうしたわけではないことを教えてやるんです、という。

本への愛情にあふれた愛書家のこの話を読むだけでも、私は本というものの価値や効用をあらためて思わされる。

精神医学者の中井久夫氏はすばらしいエッセーも書く読書人であるが、学内で自分の研究室がなかなか定まらずにいたため、本を整理するのに悪戦苦闘したことを書いている。

「この間、私の書籍の大部分は梱包されたままであった。約三分の一を書棚に並べたものの、しばしば重要な片われは箱の中に残った。赴任して六年にして、私は根《こん》がほとんど尽き果てようとしていた。フロイトの著作の隣りにはまちがってもユングではなくむろんアードラーでなく必ずアブラハムが来なければ気が狂う私である。（略）私によれば本は並べ方が九割なのである」（『治療文化論―精神医学的再構築の試み』あとがきより、岩波現代文庫）

中井氏が「本は並べ方が九割」と言っているように、本と本を結びつけて考える習慣が、読書力を格段に高める。関連や連想の中で記憶は強化されるのである。ちなみに、文中の「アブラハム」とは、フロイトの直弟子のカール・アブラハムのことと思われる。

私の場合は、ちがうジャンルの本を内容的なつながりを考えて並べるのが好みである。

たとえば一九九八年の長野オリンピックで金メダルに輝いたスピードスケートの清水宏保さんの言葉が綴られた『神の肉体　清水宏保』（吉井妙子著、新潮社）と、ゲーテの言葉を採録したエッカーマンの『ゲーテとの対話』（岩波文庫）はどうしても隣に置きたくなる。

それは、ゲーテの言う上達論が清水宏保さんの上達論に通じるものがあるからである。

全集の通読

評論家の小林秀雄は「書くのに技術が要《い》る様《よう》に、読むのにも技術が要る」として、その一つの方法として、「もしある名作家を択《えら》んだら彼の全集を読め」と、全集の通読を薦めている。

「或る作家の全集を読むのは非常にいい事だ。研究でもしようというのでなければ、そんな事は全く無駄事だと思われ勝《が》ちだが、決してそうではない。読書の楽しみの源泉にはいつも『文は人なり』という言葉があるのだが、この言葉の深い意味を了解するのには、全集を読むのが、一番手っ取り早い而《しか》も確実な方法なのである」（『読書について』中央公論新社）

いろいろな著者の名作を集めた『世界文学全集ベスト一〇〇』のようなものではなく、一人の著者の個人全集を通して読む。個人全集には評価の低い作品も含まれる場合があるが、それらも含めてすべて読むことで、その作家のスタイルやおもしろさが見えてくる。トルストイならトルストイの全集を通して読むと、トルストイという人の全体が自分の中に入ってくる。

小林秀雄は「トルストイを読み給え」（『小林秀雄全作品』第19所収、新潮社）と題して、次のように書いている。

「若い人々から、何を読んだらいいかと訊《たず》ねられると、僕はいつもトルストイを読み給えと答える。（略）あんまり本が多過ぎる、だからこそトルストイを、トルストイだけを読み給え。文学に於て、これだけは心得て置くべし、というようなことはない、文学入門書というようなものを信じてはいけない。途方もなく偉い一人の人間の体験の全体性、恒常性というものに先ず触れて充分に驚くことだけが大事である」

全集にはその著者が一生のあいだになしとげたすべての営みが詰め込まれている。しかし、全集を残すほどに偉大な人物が一生のうちになしとげたすべての営みを読むことは、けっして容易ではない。

途中で、投げ出したくなることもあるが、それでもあきらめずに読み進めると、全巻を読み終えるころには、その著者の思考が血となり肉となって染みこんでいる。共感力が向上する。これは、あらすじだけでわかった気になっているのではけっして得られないものである。

第三章

人格読書法で得られる境地とは

本に救われる

この章では、人格読書法で得られる境地とはどんなものなのか、人格読書法にはどのような効用があるかについて述べてみようと思う。

読書をしていると、本には人を救う力があることを実感する一冊に出合うことがある。ヘレン・ケラーの『わたしの生涯』（中公文庫）はその一冊である。

説明するまでもないが、ヘレン・ケラーは目が見えず、耳も聞こえない、言葉も話せないという三重苦を背負いながらも、サリバン先生たちの支えによって快活な人間へと成長し、同じ苦しみに悩む人たちのために働くことになる。

ヘレン・ケラーは本がすごく大事だと言っていて、実際、驚くべき読書量で、じつにたくさんの本を読んでいる。点字で読んだり、大学の授業でも横でサリバン先生が指で手に書いてくれたりする。

「ものには名前がある」ことを知ったのもサリバン先生の指であった。ヘレン・

ケラーが最初に発した言葉は「ウオー、ウオー」（「ウオーター」のこと）であった。言葉というものが世の中にあるということは、ヘレン・ケラーにとってとんでもない大発見だった。言葉というものがどんなに素晴らしいものなのかをヘレン・ケラーは苦労の果てに光として見たのである。

ここから読み方やさまざまな概念を覚え、本を読みつづける。その対象はフランス語、ドイツ語、ラテン語、ギリシア語の哲学、経済から文学書にまで及ぶ。ヘレン・ケラーの読書量を見ると、目が不自由でない私たちはこんなに本を読まないでいていいのかと反省させられる。

ヘレン・ケラーは言っている。

「その年、私は算術を終わり、ラテン文法を復習し、シーザーの『ガリア戦記』を三章読みました。ドイツ語では、一部は自分の指で、一部は先生のお助けでシルレルの『鐘の歌』『潜水夫』、ハイネの『ハルツ紀行』、（略）ゲーテの『わが生活より』を読みました」（岩橋武夫訳、以下同じ）

自分の指というのは点字。先生のお助けというのは、サリバン先生が指で手のひらに書いてくれる「指話」のことである。

さらに「聖書は、私に『見ゆるものは一時的にして、見えざるものは永遠である』という深い慰めの感じを与えてくれます。元来私は書物を愛することを知りはじめて以来、シェークスピアを愛さなかったことはありません」

なかでも『マクベス』（岩波文庫）は彼女に強い印象を与えたようで、「一度読んだだけで、全部が永久に私の記憶のうえに刻みつけられてしまいました。そして長い間、幽霊と妖婆《ようば》とが、夢の中まで私を追いかけてきて、私は短剣とマクベス夫人の小さい白い手をまざまざと見ることができました——ものすごい血痕は、悲しみに心狂った后《きさき》の目に映ったと同じ程度に、私にもありありと見えました」と書いている。

マクベス夫人が見た、自分たちが殺した王の体から流れ出るおびただしい血が、ヘレン・ケラーにも見えたというところがすごい。

ほかにも『リア王』や、『英国国民史』『中世史』などを読みまくり、十三歳の誕生日にはウィリアム・スイントンの『万国史』をプレゼントされている。さらには、ゲーテ、モリエール、ラシーヌ、ヴィクトル・ユゴーというふうにつづいていく。

ヘレン・ケラーはこれらの本を「私の書物の友だち」と呼んでいる。

「こうして文学は私の理想郷《ユートピア》となり、そこでは私の公民権を奪われる恐れもありません。そうかといって感覚器官の障害のために、この友だちとの楽しいいんぎんな談話を、妨げられることもありません。彼らは少しの不便も不自由もなしに、私に話しかけてくれます。私が覚えたこと、私が教わったことなどを全部合わしても、なお彼らの『大いなる愛と天来の慈悲』に比べると、おかしいほどつまらぬものに見えます」

ヘレン・ケラーは重い障害があるにもかかわらず、本によって救われたのである。

ヘレン・ケラーは江戸後期の国学者である塙保己一《はなわほきいち》を尊敬していた。

「私は子どものころ、母から塙先生をお手本にしなさいと励まされて育ちました。

今日、先生の像に触れることができたことは、日本訪問における最も有意義なことと思います。先生の手垢《てあか》の染みたお机と頭を傾けておられる敬虔《けいけん》なお姿とには、心からの尊敬を覚えました。先生のお名前は流れる水のように永遠に伝わることでしょう」と、来日した際に通訳を通して述べている。

塙保己一は七歳で失明し、江戸に出て検校《けんぎょう》（盲人に与えられた最高の官位）のもとで鍼灸《しんきゅう》や音曲《おんぎょく》を学ぶが上達せず、学問好きを理解してくれた検校や周囲の人の手助けで学者の道を志した。保己一の学問に対する情熱はすさまじく、人が音読したものを暗記して、国学などの知識を増やしていった。

塙保己一はやがて幕府の庇護《ひご》を受けて『群書類従《ぐんしょるいじゅう》』という膨大な叢書を四十年の歳月をかけて編纂した。日本の古代から江戸時代初期にいたる文献を集大成したものだが、正編が五三〇巻、続編が一一五〇巻にもなる日本最大の叢書である。

こんな逸話がある。

ある夏の夜、ロウソクの火を灯して、仲間と読書会を開いていた。暑いので仲間の一人が障子をあけて風を入れたところ、吹き込んできた風でロウソクの火が消えてしまった。みんなは、これでは書が読めないから、中止するしかないと言いだしたが、保己一は平然として、「ロウソクの火が消えようが消えまいが、なにも変わらない。私はいつも目が見えていないのだから。目が見える人はなんと不自由なものか」と言って笑った。

七十四歳のときに完成した『群書類従』によって、わが国の貴重な書物が散逸《さんいつ》を免れ、今も読める。本を編纂することに生きる意味を見いだした塙保己一は、本に救われたと言ってもいいのである。

苦境を支える

ドストエフスキーの『罪と罰』に、主人公のラスコーリニコフが金貸しの老婆を殺してしまったとソーニャに打ち明ける場面がある。

無知で何の価値もないような強欲な老婆は生きていても仕方がない。いっそ殺して、その金を貧乏人に分け与えて役立てたほうがよほどいいではないか。このように絶対悪である殺人を正当化したラスコーリニコフは、金貸しの老婆と、偶然居合わせた老婆の妹を殺《あや》めた。人を殺したことで良心の呵責《かしやく》に苦しむラスコーリニコフ。そんな彼を悔い改めに導いたのが、家族のために娼婦に身を落としながらも、けっして神の教えを忘れないソーニャであった。

ラスコーリニコフは『新約聖書』にある「ラザロの復活」の場面を読んでくれとソーニャに頼む。

「ラザロの復活」は、ラザロは病のため死んで葬られたが、その四日後に、布教先から帰ったイエス・キリストが墓の前で祈り、呼びかけると、奇跡的に蘇生したという話である。

ソーニャは強いキリスト信仰の持ち主なので、ラスコーリニコフに頼まれた場面を喜んで読む。そして、読んでいるうちに、熱がこもってくる。この場面にはイエスの救いの力が象徴的に込められているのだが、それがソーニャの体を通して立ち現れてくる。

もちろんラスコーリニコフ自身が『聖書』を読むこともできるのだが、それを読んでもらうということが大事なのである。自分が大事だと思っている人が読んでくれる。復活という出来事を信じている人が読むわけだから、その言葉に力が出てくる。声が生命そのものだから、生命を持った言葉がラスコーリニコフに入ってくるということで、ラスコーリニコフ自身が音読するのとは意味合いがちがうのである。

ラスコーリニコフはソーニャから自首を勧められて、『聖書』を携えて警察署に出頭する。裁判で八年の刑期が確定し、シベリアに流刑となった。ソーニャもラスコーリニコフを追ってシベリアに移住した。

こうして罪に悩むラスコーリニコフが「復活」したように、心が疲れ切って、追い込まれた苦境のときに支えてくれる力が『聖書』にはある。

「真の文明は　山を荒らさず　川を荒らさず　村を破らず　人を殺さざるべし」
――足尾銅山事件で被害農民のために奔走した田中正造も、『聖書』を読んでいたという。

一九〇〇（明治三十三）年、足尾鉱毒被害を政府に陳情するために出かけた農民が途中で警官と衝突した事件の公判で、検事の論告を傍聴中に欠伸《あくび》をしたために官吏侮辱罪で起訴されて、四十日間、獄中の人となった。このときに『聖書』で支えを得たというエピソードを知ったとき、『聖書』の持つ力は強いものだと思った記憶がある。

田中正造は政治家として議会で足尾鉱毒を訴えて質問するなど、被害農民のために奔走したが、かなわなかった。そこで翌年、代議士を辞し、議会開院式から馬車で帰る途中の天皇に、鉱毒事件の解決を訴えるため直訴を決行した。しかし、警官にとりおさえられて果たせなかった。

天皇への直訴は切腹覚悟の命がけの行動だった。それでもひるまずに、国民はみな天皇の赤子《せきし》（君主に対して人民をその子にたとえた表現）なのだから、天皇にこの問題をわかってほしいと直訴したのである。

この直訴状は、幸徳秋水が書いたものに田中が加筆修正したと伝えられるが、田中正造の著作集で読むことができる。

苦境にあった晩年の田中正造を精神的に支えたのは『聖書』だった。キリスト教に改宗はしなかったが、日記には「聖書の実行のみ」という一文がたびたび出てくる。『聖書』の言葉が田中正造の体に流れ込み、公害問題との闘いで彼を支える力になったのである。

通説を疑う

「我思う、故に我在り」で知られるデカルト（一五九六～一六五〇年）の『方法序説』（岩波文庫）。

デカルトは、ヨーロッパでも有名な学校の一つで他の人が学んでいたことはすべて学んだ。しかし、教えられた学問だけでは満足せず、占星術や錬金術のような秘伝的な学問を扱った本まで、手に入ったものはすべて読破した、と書いている。

「自分の行為をはっきりと見、確信をもってこの人生を歩むために、真と偽を区別することを学びたいという、何よりも強い願望をたえず抱いていた」デカルトは、「ただ前例と習慣だけで納得してきたことを、あまり堅く信じてはいけないと学んだ」（谷川多佳子訳）と述べている。

二〇一九年一月に亡くなった哲学者の梅原猛氏は、「デカルトからは通説を疑うことを学んだ。長い疑いの末に直観的に仮説が生まれる。ニーチェからは心の奥深い闇を見つめることを学んだ」と、講演会で語っている。

梅原猛氏は、学問は通説を疑うことから始まることをデカルトに学んだ。デカルトが『方法序説』を著したのは一六三七年だから、数百年後に梅原猛氏に学問の方法の基本を教えたのはこの本ということになる。

大学の教師は、通説をすべて疑ってかかると授業がやりづらいのだが、デカルトは通説を疑う。疑うことで、本当に確かだと思うこと以外は真と見なさないというルールをつくった。デカルトが『方法序説』で提示したこの根本的な精神を梅原氏は継承したのである。

従来の常識や通説を疑う梅原氏の態度は、奈良の法隆寺は聖徳太子一族の怨霊《おんりよう》を鎮めるための寺だと唱えた『隠された十字架』（新潮文庫）や、柿本人麻呂（柿本人麿）は政争に巻き込まれて刑死させられたと説いた『水底《みなそこ》の歌——柿本人麿論』（新潮文庫）などに結実した。

『方法序説』にはすぐれた効用があり、なおかつ薄い本なのに、なぜ読まれないのかと思う。そこで私は、教えている大学一年生全員に『方法序説』を読んでもらっている。そして、『方法序説』から学んだことを、自分に生かして発表するように課題を出している。

すると、みんなこの課題をこなしてくる。大学一年生といえば高校を出たばかりで、本格的な本を読み慣れていない。それでも「『方法序説』はむずかしいけれども読めました」と口をそろえて言う。

『方法序説』は「良識はこの世でもっとも公平に分け与えられているものである」という一文ではじまる。これは思想の領域における人権宣言と言ってもいいものだ。

良識や理性はすべての人に生まれつき平等に具わっているものだから、それを活用することが重要だ。「良い精神を持っているだけでは十分でなく、大切なのはそれを良く用いることだ」。だから良識、理性というものを使いこなせるようになろうと、一六〇〇年代に宣言したのである。

現代人にとってのデカルトの『方法序説』はキリスト教徒にとっての『聖書』みたいなものだから、知っているのと知らないのとでは大きなちがいがある。『方法序説』のような本をきちんと読むことによって、現代では当たり前だと思っている理性や合理的なものの考え方が、当たり前ではない時代があったのだと教えられる。それより前には魔女狩りなどがあったから、誰かが「あいつは魔女だ」と言えば、みんなで捕まえて私刑にしてしまうというような時代さえあった。

フランスの歴史家ジュール・ミシュレの名著『魔女』（岩波文庫）を読むと、支配者の決めつけで魔女がつくりだされ、逃れようもなかった実態がよくわかる。ミシュレの文体は、歴史を今起こっているかのように感じさせてくれる。

四百年近く前の『方法序説』を通してデカルトの肉声を聴くと、「私たちははたしてデカルトの言った良識をしっかり精神の技として身につけているか」という疑念も湧く。

たとえば犯罪の容疑者が逮捕されたとき、あたかも有罪が確定したかのように言われるが、はたしてそうだろうかと「疑って」、あくまで容疑者であり、無罪になるかもしれないととらえるべきなのである。そういうふうに、私たちの思考にデカルトが生きてくるという効用があるのである。

宇宙を構成する物質についても、かつては「すべてが原子である」というのが通説であったが、現在ではダークマター（まだ正体がわからない暗黒物質）が大半だとされるようになった。科学の世界では、デカルトがしっかり生きている。

教養を身につける

学生時代に本を読むことがごく当然のことであった時代を経験している社会学者の竹内洋《よう》氏が書いた『教養主義の没落―変わりゆくエリート学生文化』（中公新書）という本がある。

教養主義というのは、哲学・歴史・文学などの人文学を中心にした読書を通じて、人格を磨いたり社会を改善していこうとするもの。

しかし、教養文化を支える読書が学生のあいだで激減している。先にもとりあげたが、大学生の五〇パーセント以上が、一日の読書時間について「ゼロ」だと回答した。読書をする学生でも、一日の読書時間の平均は二三・六分にすぎない。一方で、一日のスマートフォンの利用時間の平均は一七七・三分になるという。これは驚くべきことである。

本に込められている教養への憧れが減ってきて、読書といえば、自分がかかわっている勉強の本になっている。だから、読書による教養というものが全体に低落している。読書が減ることは、教養の目減り、地盤沈下につながる。

『教養主義の没落』によれば、東大生の蔵書数は年々減っているということだ。東大の一、二年生は教養学部で学ぶが、本が毎月三〇〜五〇冊ぐらいずつ増えていくというのが教養学部での私たちの生活のあり方だった。

本に費やすお金がないというのは、昔の学生も同じだった。今の学生は携帯料金に一万円、二万円を費やすが、私は学生のとき、月に二万円を本に使うというルールを定めていた。

私の父は、「学生時代に、神田の古書店街をまわったのがとても楽しい思い出だった」と言っていた。本を読むことが一番大事なことだと理解していた父が、生活費とは別に毎月二万円の本代を仕送りしてくれた。

当時は文庫本だと五〇〇円以下であったから、月に二万だと、相当の数の本が買えた。大学一年生のときから今に至るまで、本代が月二万円以下になったことは私の人生にはない。

学生時代、教養学部のある先生が「〇〇全集を読んでいない人というのはちょっと信じがたい。教養人としてはありえない」みたいなことを授業で言うので、読まなければいけないものと思って全集を読んだら、そんなものを読んでいる学生はほかには誰もいなかった。しかし、隣にいた学生は「高校時代に読んだよ」とうそぶいたりする。「戦後政治裁判史録は常識だ」などと言われると、裁判史の記録本を買ってしまう。全教科にわたってそうしたプレッシャーがかかった。

そして、とにかく読んで、読んで、読みまくった。すると教養の厚みというものが自分の中に出てきた。

竹内洋氏は『教養主義の没落』のなかで、こんなふうに書いている。

「『教養』というメッキによって『インテリ』や『知識人』という身分文化を獲得する手段であったことも否めない。こういう不純な動機を意識させなかったことは、教養主義がキャンパスの規範文化だったからであろう。しかし、不純な動機だけだったというわけではない。教養を積むことによって人格の形成を望んだり、知識によって社会から悲惨や不幸をなくしたいと思ったことも間違いのないところなのである。読書をつうじた人格形成主義や社会改良主義という意味での教養主義は、なぜかくも学生を魅了したのだろうか。そして、なぜ、教養からオーラが、教養主義から魅惑が喪失してしまったのだろうか」

読書によって教養を身につけることの効用は、知識を増やすことだけにあるのではなく、「生きる力」を獲得し、困難に直面したときの「心の支え」を得ることにある。

人生を学ぶ

『シャネル―人生を語る』（中公文庫）という本がある。

フランスのファッションデザイナーであったココ・シャネルが、親に捨てられた孤独な少女時代から「シャネル」という一大ブランドを築くまでの半生を自身の「肉声」で語ったもの（聞き書きされたもの）である。

この本のなかでシャネルは、「誇り高いココ・シャネル」の基礎をつくったのは「屋根裏部屋での読書」であったと語っている。

「屋根裏部屋……この屋根裏には何とたくさんの宝ものが詰まっていたことだろう！　それはわたしの書庫だった。私は片っ端から読みふけった。小説風の読み物を見つけだしては、心の奥底でそんな小説みたいな人生にあこがれた。叔母のところでは本など一切買ったりしない。日刊紙の連載小説を切り取って、黄色くなったこの長い『段々』を全部綴じあわせてできたもの、それが読みものなのだった。少女ココがこっそり貪《むさぼ》り読んだのも、このおなじみの屋根裏部屋のなかだった。読み終えたところは全部書き写して、宿題の中にはさみこんでいた。『いったいどこでこんなものを見つけたの？』先生はそうたずねたわ。こうして読んだ小説はわたしに人生を教えた。わたしの感性を養い、誇りを教えてくれた。わ

たしはずっと誇り高い少女だった」(山田登世子訳)

読んだ小説がシャネルの感性を養い、誇り高く生きることを教えたという。

女性起業家の先駆けとなったシャネルは後年になって、どうやって人生がわかるのかと訊かれたときも、「本を読んでいるから」というふうに答えている。シャネルにとって孤独な時間は、本を読むことで、孤独どころか豊かな時間になった。読書が人生を教わる一番の教室になっていたのである。

昔は「文学なんか読んでどうするんだ。文学青年を気どっていないで仕事に就け」みたいなことを言う人もいた。

しかし、本を読むことは、自分の中の精神の深いところで作用する、自分へのプレゼントなのである。何度となく成功と挫折をくり返してファッション界の頂点にのぼりつめたシャネルは「人生がわかるのは逆境のときよ」と豪語した。その逆境のときに支えとなったのが若いころに熱中した読書だったのである。『シャネル―人生を語る』を読むと、読書の効用が実感できる。

他人の人生を追体験する

ココ・シャネルが小説から人生というものを教わったように、文学作品には「自分の経験以上のもの」を与えてくれる効用がある。だから、現代人は文学を読むことの優先順位を高く設定すべきだと思っている。

たとえば先にもとりあげたロマン・ロランの『ジャン・クリストフ』という長編小説には、主人公が生まれてから死ぬまでの出来事が詳細に描かれている。こうした小説を読むと、別の人間の人生を生きたような感覚を得ることができる。

当たり前のことだが、私たちは個々の人生を生きているので、他人の人生を生きることはできない。しかし、文学を読むことで、他人の人生を追体験することができる。言い換えると、他人の気持ちに感情移入し、想像するということである。

さらに、この経験は、私たちに「寛容さ」を教えてくれる。人間は「寛容さ」を身につけるからこそ成長していくことができると、私は思っている。人が生きていくうえでは、他人の考えを想像して理解し、認めて、受け入れることが求められる。そのような力をつちかうことができるのが文学なのである。

文学を読むと、自分の弱い部分や、他人に対して攻撃的になってしまう「過剰な部分」を認めることができるようになり、人間としてのバランスがつちかわれる。文学が描く「日常生活では経験できない世界」を通り抜けることで、精神的に成長することができるのである。

生き方の価値観を考え直す

文学作品には「自分の経験以上のもの」を与えてくれる効用があると書いたが、その一方で、文学作品は私たちがこれまでに経験してきたことを思い出させてくれる力を持っているとともに、異なる価値観があることを教えてくれる。

夏目漱石が絶賛した『銀の匙』（岩波文庫）は、著者の中勘助《なかかんすけ》が子ども時代に経験した一つひとつの思い出を二頁程度で描いている。甘えん坊の主人公（作者自身）が成長していく物語である。

たとえば、子ども時代に経験したお祭りの話が出てくる。伯母さんが病弱だった主人公を背負って神社やお祭りに連れて行ってくれた場面。その場面を読んだとき、私たちは、作品に描かれている中勘助の経験を想像する。それと同時に、「そういえば、自分も小さいころにお祭りに行ったな」と、自分の経験と照らし合わせている。

文学を読む楽しみは、作者の経験に寄り添い、作品の世界へと深く入りこんで、その世界を共有することにある。本を読むことは、大変高度で知的な作業なのである。

中高一貫の灘校の国語教師・橋本武先生は、『銀の匙』一冊だけを中学の三年間をかけて読み込むという授業をおこなった。この充実した「スローリーディング」を支えたのは、『銀の匙』という作品の奥深さにあった。橋本先生はこんなふうに書いている。

「ひとりの人生において体験できること、見聞きできることはおのずと限られている。しかし読書を通じて、そうした自分では体験できないことを知ることができるとともに、自分とは違う人間、生き方があるということも見えてくる」(『伝説の灘校教師が教える一生役立つ学ぶ力』日本実業出版社)

私たちは現代社会のさまざまな価値観に縛られている。学校や会社ではつねに競争することが求められる。ときには、何が損か得かを考えて行動しなければならない。しかし『銀の匙』の世界には、そのような経済合理性の外にあるものの豊かさが多く描かれていて、異なる価値観があることを知ることができる。

文学作品には「生き方の価値観を考え直す」という効用がある。

向上心を支える

本を読むことで自分の中に偉大な賢者を住まわせ、賢者との対話によって思考していく。これはほとんど無意識におこなっていることで、もはや著者と自分との区別がつかなくなる。

だから、じつは賢者の影響を受けているのに、その著者の言葉だとは気がつかないということも起こる。わかりやすくいえば、「かぶれる」ということである。

「弱虫は幸福さえおそれるものなのだ」といったことを言う「太宰治かぶれ」。「やっぱり人間は堕落すべきだ」といったことを口にする「坂口安吾かぶれ」。

私はこうした「かぶれ」は、成長のためにいいこと、必要なことだと思っている。

私たちはほとんど他者の思考を採り入れているわけだから、偉大な他者を心に住まわせるのと、身のまわりの人とのおしゃべりに終始するのとでは、雲泥の差がある。人生を一歩先に進めるためにも本を読むことは欠かせない。

一言でいえば「向上心」ということである。向上心を支えているのが本を読むという行為なのである。

吉田松陰は「万巻の書を読むに非《あら》ざるよりは、いずくんぞ千秋《せんしゅう》の人たるを得ん」と言っている。「多くの本を読まずして、どうして後世に名を残すような人物になれるだろうか」という意味である。

松陰は読書によって人格をつくり、志を練った人だった。禅と剣で自らを鍛えるのが定番だった当時の武士のなかにあって、松陰は一線を画していた。本の内容もさることながら、「読む」という行為そのものが「向上心」に火をつけ、心を鍛えることにつながるのだと、松陰は自覚していたのではないだろうか。

どんな本であれ、読む前より読んだあとのほうが向上心は高まる。これは当然のことで、書き手となるような人はみな向上心のかたまりだからである。「生まれて、すみません」の太宰治でさえ、人間としての生き方を追求したいという意思にあふれていた。読み手はそうした書き手のメッセージを活字を通して受け取るわけで、影響を受けないほうがおかしいのである。

生きた言葉を吸収する

私が知り合った韓国人留学生で非常に日本語がうまい学生がいた。「どうやって勉強したの?」と訊くと、「山岡荘八の『徳川家康』を全巻読みました」との答えが返ってきた。

それほどの能力だから、文章も完璧な日本語で書けるし、知的な会話もできる。日本語が母語ではない人間でも、高いレベルの読書をすると、日本人顔負けの言語活動ができるようになる。そういう人は頭がしっかり働いているので、仕事もしっかりできる。

私たちの生活のなかでは考えるという作業は非常に重要であるから、考えを緻密にしていくためには言語というものが大事。そして、言語を支えているのは語彙力。その語彙は「活字文化」によって支えられている。

口語の場合、だいたい二〇〇から三〇〇語で足り、多くても五〇〇語くらいあると日常の用はほぼ足せる。しかし、辞書に載っている言葉はそれよりはるかに多い。活字だけで表されている言葉があるので、それを読むことによって語彙が豊富になり、やりとりも正確になる。そして、思考も緻密になる。

たとえば法学部で習う法律用語を日常的なわかりやすい言葉に直していったら、議論ができなくなってしまう。医学用語をふつうの用語に置き換えるのは無理がある。専門用語で成り立っているわけだから、その語彙で話をすることになる。

語彙力をつけるためにも本を読むことが大事となると、語彙をたんなる情報としてではなく、その著者が使っている生きた語彙として吸収していくことが大事になる。人格読書法によって、言葉を生きたものとして蓄えられる。

言葉はそれを書いた人物と切っても切り離せない関係にある。なかでも、書簡集を読むと、その人の人柄と言葉がセットで入ってくる。たとえば『ゴッホの手紙』（岩波文庫）には、翻訳であっても、ゴッホの人格、魂がそのまま言葉に表れ出ている。

絵だけではなく、手紙もまたゴッホにしか書けないような内容である。手紙を読んでからゴッホの絵を見ると、よりいっそう理解が深まる。

ゴッホは、芸術家仲間との共同生活に憧れて、南仏の恵まれた光とあふれる自然を求めて、アルルへ転居する。以下は、弟テオ（テオドル）宛ての手紙。

「新しい友人たちの絵について、詳しいことを早く知らせてくれたまえ。そうして、もしほんとに彼らが、新しい領域で進歩しようと試みている画家だったら、思い切ってこの南仏をすすめてみてくれたまえ。僕は、新しい色彩派が南仏に根をおろすことを信じている。（略）ここの強烈な太陽の下では、ピサロの言葉や、ゴーガンが僕への手紙で言った同じような言葉、つまり太陽の偉大なる効果の持つ単純さと荘重さということは、僕もほんとだと思った。北仏にいたのでは、とても想像することもできないだろう」（硲伊之助訳、以下同じ）

ピサロやゴーガン（ゴーギャン）など、よく知られた豪華な人物が登場する。ちょっとした小説や戯曲よりもドラマになっている。

「われわれがこうして腰を落ちつけていれば、何時かわれわれにも勝利の日が訪れてくるだろう。（略）仕方がないさ、まだまだ戦わなければならないのだとすれば、ここでじっくりと機の熟するのを待たなければならないのだ。君はいつも僕に、量よりも質の仕事をしろと言う。だが、やはり僕は相変わらずたくさんの習作を描きあげ、その結果として売れない物を山ほど抱えている始末だ」と、苦労していることも語られる。

「真黄色でとても明るい麦畑を描いた。今まで描いた絵のなかで一番明るいかも知れない。いつも糸杉《いとすぎ》に心をひかれる。ひまわりを扱ったように描いてみたいのだ。まだ僕が感じているように描いたものを見たことがないのだ」と、『糸杉と星の見える道』など、糸杉をモチーフにした数々の絵の創作に言及している。

さらに、「ともかく、かなり好いものをときどき描ける自信が出来た。自然に対して倦《う》まず仕事して、（略）あれが描きたいとかこれが描きたいとか言わず、靴を作るような調子で、何ら芸術的な配慮なしに仕事すべきだとだんだん信じて疑わなくなった」と自信と決意のほどを語る。

「遅い長い仕事だけが唯一の道であり、良い作品を仕上げようとするいかなる野心も、偽りなのだ。毎朝、仕事にかかっても、失敗する場合もあり得るではないか、成功するとは限らない。絵を描くためには、落ちついた規則正しい生活が絶対に必要だ」

ゴッホは独自の言葉、特別な言葉を使って手紙を書いているわけではない。にもかかわらず、誰が書いているかと訊かれたときに、「ああ、これはゴッホだな」ということがわかる内容であり、文体である。

ゴッホの手紙のように、書き手が使っている生きた言葉を吸収していくと、その人の言葉とともに生き方のスタイルが読み手に沈殿してくる。

イマジネーションを育てる

テレビを見るよりラジオで聴くほうがイメージがふくらむと言われる。画像がない分、頭の中でイメージをふくらませるからである。本もイメージをふくらませてくれる。とくに読み聞かせにはその効用がある。

『クシュラの奇跡――一四〇冊の絵本との日々』（ドロシー・バトラー著、のら書店）という本がある。

重い障害をもって生まれたクシュラという少女は、生後まもなく次々に異常が発見された。夜も昼も眠れないクシュラとの時間を過ごすために、生後四か月のときに、母親は絵本を読み聞かせることを思いついた。すると、クシュラは絵本に強い関心を示したのである（クシュラは目の焦点が合わず、本に顔をくっつけるようにして見ようとしていた）。

「クシュラにこのような文章のない本を見せるとき、大人は描かれているものを一つずつ指さしてやった。クシュラは大人の指を目で追うことをおぼえたが、何かに興味をひかれてもっと見ていたくなったりすると、断固として次の絵に移るのを拒否した。（略）リズミカルで韻を踏んだ文と、くりかえしの多い流れるようなうたは、クシュラの神経をなごませるらしい。読み手がリズムに合わせて思わず体をゆするときは、ことにそうであった」（百々佑利子訳）

クシュラが気に入った本は、何百回も読まされることになったが、母親は本を読み聞かせているときには前向きのことをしているのだという明るい気分になれた。一人では物を持つこともできないクシュラは、一対一の読み聞かせによって、外界との絆を持つことになったのである。

本がクシュラの知能や言葉の発達に及ぼした影響はじつに大きなものがあるが、それだけにとどまらず、クシュラは絵本の世界の人たちと友だちになることができた。本の中の住人がクシュラの心に住みついたのである。

クシュラは、読み聞かせを通して本に接することで、頭の中でイメージをふくらませ、前向きの人生を歩むことになったのである。『クシュラの奇跡』を読むと、子どもの成長に本がどれほど大きな力を持っているかがわかる。

江戸川乱歩の『怪人二十面相』（講談社　青い鳥文庫）は、小学生に読み聞かせるのに楽しい本である。時代がかったセリフも楽しい。

「へええ、二十面相ですって、このあたしがですかい。ははは……、とんだことになるものですね。二十面相がこんなきたねえ男だと思っているんですかい。警部さんも目がないねえ。いいかげんにわかりそうなもんじゃありませんか」というような文章が次々に出てきて、紙芝居を見ているような楽しさがある。謎解きだけではなく、かつての日本が持っていた風情が文章のそこかしこから感じとれて、イマジネーションをかき立ててくれる。

イギリス生まれのアメリカの児童文学作家ヒュー・ロフティングの『ドリトル先生』シリーズも読み聞かせに向いている。岩波少年文庫で『ドリトル先生物語』として全十三冊が発売されている。私はこの文庫版の井伏鱒二訳が気に入っている。

アルパカに似た長い胴体に、前だけでなく後ろにも頭がついている双頭の珍獣

「Pushmi-pullyu（pushme-pullyou）」を、井伏鱒二は「オシツオサレツ」と訳した。「押しつ押されつ」をカタカナ表記したネーミングは絶妙である。「オシツオサレツ」は、ドリトル先生がアフリカでサルたちの疫病を治したお礼に、サルたちが贈った珍獣で、なぜかいつもはにかんでいる。こうした動物たちにかこまれながら、ドリトル先生は冒険をつづける。

「でも、さっき、うわさでききますと、あなたさまはえらい魔術師で、霊薬《れいやく》を何服もお持ちとのことです。お力を借りにまいりました。どうぞ、私の色を白くして、もう一度、また眠り姫をさがしにゆけるようにしてくださいませ」（『ドリトル先生アフリカゆき』）

余談だが、昭和十五（一九四〇）年、児童文学作家・翻訳家の石井桃子は、出版社を退職して、暗い世相を打ち破る少年少女向きの出版に単身で挑み、その第一弾として『ドリトル先生』を選んだ。

石井桃子はみずから翻訳（下訳《したやく》）をおこない、その仕上げを、当時、近所に住んでいた井伏鱒二に依頼した。井伏鱒二訳は、日本語の文章としてこなれていて、声に出して読みやすい。二人の「協働」によって生まれた作品と言ってもいい。長い物語を耳から聞くというのはいい体験になる。耳から入ってきた言葉で頭の中に映像を思い描いていく。本の効用はイマジネーションを育てるところにもある。それとともに読み聞かせる側にも音読の効用がある。

「知的筋力」を鍛える

「精神力を支えてくれるという意味では、いろんな本を一〇〇冊読むよりも、古典を一冊くり返し読んだほうが効果的だ」と言われる。古典には、時代を超えて活用できる普遍の真理が詰まっており、誰もが身につけるべき基礎教養を学ぶことができるからである。

古典を読むことで、現代のように次々と新しい情報がなだれ込む時代でも、振りまわされることなく、十年、二十年、三十年先まで人生を支える「知的筋力」を鍛えることができる。

古典といえば、立命館アジア太平洋大学の学長を務める出口治明《はるあき》氏は入学式で、

「何十年、何百年と世界で読み継がれてきた古典は素晴らしいに決まっています。人間の脳はこの一万年以上進化していません。喜怒哀楽や判断は昔の人も今の人も同じです。ですから、昔の本であっても優れた本は色あせることがまったくないのです」と学生に呼びかけている。

出口氏はこれまでに読んだ本は一万冊以上になるという。出口氏は全共闘世代。学生運動が盛んなころだったので、京都大学の授業がなかった。だから、下宿で一日十五時間ぐらい本を読んで、議論がしたくなったら、友だちの下宿へ行って議論を吹っかけていたという。

出口氏は学生時代に、恩師から次のように教わったそうだ。

「古典を読んでわからなければ、自分がアホやと思いなさい。現代に生きている人が書いた本を読んでわからなければ、著者がアホやと思いなさい。読むだけ時間の無駄です」

私は、精神力としての知性を鍛えるうえで、「古典」とされる本を読み、「マイ古典」を編纂することをお薦めしている。精神力は言葉の概念の力に支えられる面が大きい。だから、書物を通じて、あるいは尊敬する人物の言葉にふれて、自分に響いてくるテキストを貯蓄する努力が欠かせない。

『論語』でも『資本論』でも、自分の精神を支えてくれる座右の書を持っている人は強い。全部を読むのがむずかしければ、拾い読みでもかまわないので、「あっ、これだ！」と自分に響く言葉に出合ったら、ぐるぐる丸をつけて覚えてしまって、人と話すときに使ってみる。気に入った言葉を見つけたら自分の「古典ラインナップ」にどんどん加えていく。

古典を自分のものにしていくうちに、知性が鍛えられていくのが実感できるようになる。これが「古典力」である。

第四章　齋藤流読書案内

私の読書体験——『復活』

ここまで私の読書歴にふれながら人格読書法について述べてきたが、この章では、ここまでとりあげることのできなかった本について少し書いてみようと思う。

かつては、いろいろな出版社から「世界少年少女名作全集」といったシリーズが発売されて、家に買いそろえられている時代があった。私が子どものころ、親戚の家に『三銃士』『鉄仮面』などが入った子ども向けの全集が二〇巻、三〇巻とそろっていた。それを一冊ずつ借りてきては読んで、また返すということをやっていた。

家に百科事典がひとそろいあったのは、たぶんにステータスシンボル的なところもあって、実際に読まれることはあまりなかったと思われるが、少年少女向けの文学全集のほうは、多くの子どもたちによく読まれていた。

自分の子ども時代をふりかえると、少年時代に世界の名作を読んだことでできあがった基盤は大きな財産になっている。

私は小学校のときにトルストイの『復活』を子ども向け版（それでも相当に分厚い）で読んだことがあった。今思うと、なぜ『復活』だったのか不思議であるが、カチューシャの切ない人生がどうなるのだろうかと気になって、一気に読んでしまった記憶がある。

カチューシャは貴族のネフリュードフが関係をもった下女だった。ネフリュードフがある殺人事件の裁判に陪審員として出廷すると、被告人の一人が、なんとカチューシャその人だった。

カチューシャは彼の子どもを産んだあと、娼婦に身を落とし、ついに殺人にかかわってしまったのである。カチューシャに殺意がなかったことが明らかとなり、軽い刑罰ですむはずだったが、手ちがいでシベリアへの流刑を宣告されてしまう。

ネフリュードフはここに至って罪の意識に目覚め、恩赦を求めて奔走し、最後にはカチューシャの更生に人生を捧げる決意をする。

子ども向けとはいってもけっこう本格的なものであった。ほかにもシェイクスピアの代表作を読んだりした。

現在では、講談社青い鳥文庫、岩波少年文庫、角川つばさ文庫など、さまざまな出版社から子ども向けのシリーズが発売されている。しかも、そうしたシリーズが小学生によく読まれている。

ところが、中学生や高校生になると、本を読むという営みが途切れてしまう。文章を読む力自体は小学生より中学生のほうが勝《まさ》っている。それなのに、読書量が目立って減ってしまうのである。

だから、「世界少年少女名作全集」などのシリーズを小学生のころに読む機会がなかったとしたら、世界の文学、名作を知らないで大人になってしまう人もいることになるから、せめて少年少女時代に読んでおいてほしい。いや、大人になってからでも遅くはない。

かく言う私も、小学生のときには多読したが、中学では月二冊程度になり、高校に入っても増えなかった。ところが、一年生の三学期に、地理の鈴木明徴先生が、三学期の地理の授業をすべて読書の時間に充てたのである。

自分の家から好きな本を一冊持ってきて、一時限（たしか七五分だった）のあいだ、ひたすら読みつづけた。先生はいっさい指導しなかった。

私は一冊目に家にあったアンドレ・ジイドの『狭き門』（文庫本）を選んだ。さすがに七五分では読み切れなかったが、不思議とつづきを読みたくなり、やがて最後まで読み終えた。その充実感は大きく、それ以降、「新潮文庫の100冊」などを手がかりに、次々に読んでいった。

幼いころに柔らかいものばかりを食べていると、歯や顎が十分に発育しないという。読書もそれと同じで、鍛えられるべき成長期に鍛えることで、一生の宝になる。児童文学はいわば離乳食である。そこで吸収されるものは栄養に満ちている。人格読書はこの離乳食から始まるのである。

私はこの離乳食をたっぷり味わえたことに感謝している。

子どもたちの宝――『ああ玉杯に花うけて』

子ども向けといえば、児童文学者の鈴木三重吉が一九一八（大正七）年に創刊した童話と童謡の雑誌「赤い鳥」が果たした役割も忘れることができない。

鈴木三重吉は、それまでの「下卑《げび》た子どもの読み物」ではなくて、子どもの「純性」を高めるような作品を与えるために、一流の芸術家の努力を結集し、若い創作家の出現を期待するというモットーを掲げて、子どもたちの宝になるような童話や詩や童謡の発表の場として「赤い鳥」を創刊した。

北原白秋が「赤い鳥」に自作の童謡を発表したり、投稿作品の選者として活躍した。

芥川龍之介の『蜘蛛の糸』や『杜子春』、有島武郎の『一房の葡萄』などが発表されたのも「赤い鳥」誌上だった。

坪田譲治、新美南吉らの新人作家を世に送りだす役目も果たした。金子みすゞも数篇の詩を「赤い鳥」に投稿しているし、童謡「かなりや」もこの雑誌から生まれた。

「赤い鳥」は一九三六（昭和十一）年に廃刊になったが、この雑誌がなかったら、私たちは芥川龍之介の『蜘蛛の糸』を読むことができなかったかもしれない。

少年小説の分野で昭和初期に圧倒的な支持を受け、「少年小説の第一人者」として知られた佐藤紅緑《こうろく》という人がいる。童謡「ちいさい秋みつけた」などの作詞で知られる詩人で作家のサトウハチロー、小説家の佐藤愛子は紅緑の実子である。当時、小学校後半から中学校前半の少年を対象として一九一四（大正三）年に創刊された「少年倶楽部」という雑誌があった。編集長が佐藤紅緑のもとを訪れて連載原稿を依頼したところ、佐藤は「自分の任ではない」と言下に断った。あきらめた編集長が「子どもは国の宝だ。先生ならよい読み物を書いてもらえると思ったのだが……」と帰りぎわに言うと、「考えてみる」と翻意して、しばらくして連載原稿を引き受ける旨の連絡があった。

こうして一九二七（昭和二）年から少年小説『**ああ玉杯に花うけて**』の連載がはじまり、少年たちの圧倒的な支持を受けた。その後も『**少年讃歌**』『**英雄行進曲**』などを書き、「少年倶楽部」の黄金期を築くのに貢献した。

旧制中学を舞台に、友情やいじめ、貧困、暴力、師弟愛などを描いた『ああ玉杯に花うけて』は、時代を超えて現代に通じる人生の問題を描いていて、けっして古くさい作品ではないし、大人にも読んでほしい作品である。

貧しくて中学に行けなかった主人公は、昼間は働き、夜間の私塾に行くことになった。その塾の先生とのやりとりの場面。

「学問も腹だ、人生に処する道も腹だ、気が逆上すると力が逆上して浮きたつ、だから弱くなる、腹をしっかりとおちつけると気が臍下《せいか》丹田《たんでん》に収《おさ》まるから精神爽快、力が全身的になる、中心が腹にできる、いいかおまえはへそをなんと思うか」

「よけいなものだと思います」

「それだからいかん、人間の身体《からだ》のうちで一番大切なものはへそだよ」

「しかしなんの役にも立ちません」

「そうじゃない、いまのやつらはへそを軽蔑するからみな軽佻浮薄《けいちょうふはく》なのだ、へそは力の中心点だ、人間はすべての力をへそに集注すれば、どっしりとおちついて威武《いぶ》も屈するあたわず富貴も淫《いん》するあたわず、沈毅《ちんき》、剛勇、冷静、明智になるのだ、孟子の所謂《いわゆる》浩然《こうぜん》の気はへそを讃美した言葉だ、へそだ、へそだ、へそだ、おまえは試験場で頭がぐらぐらしたらふところから手を入れてしずかにへそをなでろ」

『ああ玉杯に花うけて』は講談社文芸文庫の『少年倶楽部名作選』で読むことができる。

ありのままを書く――『綴方教室』

綴方《つづりかた》（作文）によって教育の改革をはかろうとする民間の教育運動に生活綴方運動がある。大正時代から昭和初期にかけて生まれ、第二次世界大戦中の中断を経て、戦後になって復活した。

生活綴方運動は、子どもや青年が、自分自身の生活や、そのなかで見たり聞いたり、感じたり考えたりしたことを、ありのままに自分の言葉で文章に表現しようというものである。

自分のことや自分の身のまわりのことを書くというのは、国語の授業では当たり前のようであるが、じつは綴方運動があって、私たちはそういう教育のあり方を獲得してきたという経緯がある。

昔は、たとえば「花見」というタイトルの模範文（米一俵を携えて花見に行くというような話）があって、先生が花見で作文をと言えば、生徒全員がこの模範文にならって、花見にかかわる似たような文章を書いた。

こうした模範文の模倣的なやり方に対して、先に紹介した教育者の芦田恵之助が「随意選題《ずいいせんだい》」を唱えた。随意選題というのは、自分の好きな題材を選んでいいということ。綴方は自己を綴ることであるから、自分の生活に題材を求めて自分が満足できるように書くべきだと唱えた芦田の運動や、鈴木三重吉が「赤い鳥」を創刊して、子どもたちの作品を誌面で紹介するなどして、生活綴方の源流となった。

東北では、窮迫した農村の生活の現実に根ざす教育実践が生活綴方を中心に展開され、戦後になって、東井《とうい》義雄の『村を育てる学力』（明治図書・教育選書14）や無着成恭《むちやくせいきよう》の『山びこ学校』（岩波文庫）に結実した。

『山びこ学校』は、山形県の中学校教師であった無着成恭が教え子の詩や作文をまとめたものである。その克明でひたむきな生活記録は、戦後の教育に大きな影響を与えた。

綴方を実践した生徒の一人に豊田正子がいる。

盛んになりつつあった生活綴方運動のなかで、東京の下町の小学校教師らの指導で書いた彼女の作文集が『**綴方教室**』（岩波文庫『新編 綴方教室』）という本にまとめられて一九三七（昭和十二）年に刊行されると、たちまちベストセラーになり、映画化もされ、本人の朗読によるレコードも発売された。

豊田正子は、貧しいブリキ屋の子どもだった。父と母はお金のことでケンカするし、父は自転車を盗まれてしまう。正子は父親の言い訳を次のように綴った。

「父ちゃんは、『おれがな、平田さんの家へいったら、あいにくと、だんながお湯へいってるすなんだよ。あのだんなと来たら、とってもお湯はなげえんだから。で、おらぁ、おうせつしつへいって、ストーヴであたりながら、おくさんとくだらねえせけん話をしてたんだ。そうして、一時間ばかりたつと、だんながかえって来たからよ、かんじょうをもらってさ。げんかんの戸をあけて見たら、おらァ、ぎくっときたな。もう、自転車がねえんだ』といった」

イタリアのヴィットリオ・デ・シーカ監督の映画『自転車泥棒』（仕事に必要な自転車を盗まれてしまい、息子とローマの街を歩きまわって自転車を探すというストーリー）を思わせる話が綴られている。

こまかい具体的な描写があって、当時の子どもの生活はこんなふうだったのだな、子どもの目に見えている家族はこんなだったのだなということが手にとるようにわかる。小学生が書いたものであるが、胸を打たれる。

文語文を読む――『通俗書簡文』

たった一頁や二頁で書き手のすごさがわかるということでいえば、私はナンバーワンは樋口一葉だと思う。二十四歳で亡くなったが、樋口一葉の作品は二十代前半の人が書いたとはとても思えない。これは奇跡と言っても過言ではない。たとえば『たけくらべ』（岩波文庫）の冒頭を読んだだけでも驚かされる。

「廻れば大門《おおもん》の見返り柳いと長けれど、お歯ぐろ溝《どぶ》に燈火《ともしび》うつる三階《がい》の騒ぎも手に取る如く、明けくれなしの車の行来《ゆきき》にはかり知られぬ全盛をうらなひて、大音《だいおん》寺前《じまえ》と名は仏くさけれど、さりとは陽気の町と住みたる人の申《もうし》き、三嶋神社《みしまさま》の角をまがりてより是れぞと見ゆる大厦《いえ》もなく、かたぶく軒端《のきば》の十軒長屋二十軒長や、商ひはかつふつ利《き》かぬ処《ところ》とて半《なかば》さしたる雨戸の外に、あやしき形《なり》に紙を切りなして、胡粉《ごふん》ぬりくり彩色《さいしき》のある田楽《でんがく》みるやう、……」

樋口一葉の文章は「擬古文《ぎこぶん》」（古い時代の文体にならって書いた文章）と言われる。しかも、読点でつづいていき、句点はほんのわずかである。会話文もカギ括弧を使わずに、地の文に溶け込ませてある。しかし、この文語体のスタイルが、なんといっても樋口一葉の魅力なのである。

私は『たけくらべ』を音読したことがあるが、読み進むにつれてそのリズムのよさにはまって、むずかしい文章だということを忘れてしまった。

擬古文を書くには、当然のことだが古典の素養がなければできない。

そういう意味では、樋口一葉のような日本語を書ける人はもう現れないのではないかと思う。読みにくいからといって忘れ去るにはあまりにも惜しい。現代語訳付きの本の助けを借りてもいいから、日本語の宝物であるこの作品を読みたい。

画家・絵本作家の安野光雅《あんのみつまさ》氏は『青春の文語体』（筑摩書房）という本で、「文学は年齢ではないが、思うに文語文は、その文章の気負うところ、志の高さ、訴える気概などにおいて、青春の文学なのである。そういえば、明治時代もまた、日本の青春だった。あの時代に国を憂い、命を賭けたのはおおむね二十代の青年たちだった。いま文語文を再読し、その音の響きだけでも後代に伝えたいと思う。そうしなかったら、すでに鷗外や、漱石が教科書から姿を消したように、文語文は古文になって、若者は古典と隔絶してしまう。言っておくが、古典を捨てる国に未来はない」と書いた。

そして、樋口一葉は奇跡である、若くしてあのような文体を持ったのは信じられないことだとして、樋口一葉の『たけくらべ』をとりあげている。ほかにも森鷗外訳の『即興詩人』（アンデルセン原作、岩波文庫）や島崎藤村の「初恋」（『藤村詩抄』岩波文庫）などを挙げている。

私がちょっと驚いたのは、安野氏が、一般にはあまり知られていない樋口一葉の『**通俗書簡文**』をとりあげていることだ。この本は樋口一葉が稿料を稼ぐために書き、その後、大正年間まで四〇刷以上も版を重ねたという。一葉の生前に本のかたちで刊行されたのは、この一冊のみである。

「友の驕奢《おごり》をいさむる文《ふみ》」「試験に落第せし人のもとに」「離縁を乞《こ》わんという人に」「事ありて仲絶えたる友のもとに」など、さまざまな場面を設定して手紙とその返事の例文をまとめたものである。「樋口一葉の手紙教室」という趣だが、それぞれの書簡があたかも短編小説を読むような雰囲気になっている。

『通俗書簡文』に興味を持った方は、森まゆみ著『**樋口一葉の手紙教室―「通俗書簡文」を読む**』（ちくま文庫）をお薦めする。

たとえば「事ありて仲絶えたる友のもとに」の原文。「此ほど上野の公園にて御影《おんかげ》ほのかに見参らせしかど、御心のほどはかりかね御あとも追い候わず、空《むな》しゅうながめて立帰《たちかえ》りしこのかた、果敢《はか》なき思い日ごとに沸きかえり……」

これを森まゆみ氏は以下のように訳している。「先日、上野の公園でお姿をほのかに拝見しましたが、お心を量りかね、お声もかけず、さみしく帰りましてからずっと、はかないのぞみが胸に湧いてとどまらず……」

森まゆみ氏は『通俗書簡文』の現代語訳について、こんなふうに述べている。一葉の文語体の数行ですら現代語にしようとすれば、「ちらりと」見かけたより「ほのかに」のほうがいい。「何もせずに」より「空しゅう」のほうがいい。「見込みのない」より「はかなき」のほうがいい。このように、すべて元の単語のほうが深い心ざまを表していて、現代語に訳すのは絶望的になる。「いっそいまの私たちが、一葉時代の副詞、形容詞を積極的に取り入れて手紙を書いた方がいいのではないかと思う」

私は書物について言及するときにはなるべく女性の文学をとりあげたいと思っているが、紫式部や清少納言以降は、該当する女性がなかなかいなくて、時代は飛んで、明治の樋口一葉になる。

名コラムニストとして知られた山本夏彦氏は、父の山本露葉《ろよう》（明治時代の詩人・

小説家）が残した新聞や雑誌を読みふけり、明治の語彙・文章をわがものとした。

山本夏彦氏も『完本　文語文』（文春文庫）という本で、樋口一葉の『たけくらべ』をとりあげている。

山本夏彦氏は文語文について、「私たちは、ある国に住むのではない。ある国語に住むのだ。祖国とは、国語だ」というルーマニア生まれのフランスの思想家シオランの言葉を引いて、「詩は文語を捨てたから朗誦にたえなくなった、読者を失った」「藤村詩集はあんなに読まれたのに口語自由詩になって以来詩は全く読者を失った、読者を失うと詩は難解になる」「語彙の貧困を言うものはあっても、言い回しの滅びたのを惜しむものはない」と書いている。

「語彙の背後には千年の伝統がある。私は文語に返れと言っているのではない。今さら返れもしない」が、文語に残る「美」を追い求めたいというのが山本氏の主張なのである。

余談だが、数学者の藤原正彦氏は、自著『祖国とは国語』（新潮文庫）というエッセイ集の題名は、「もともとフランスのシオランという人の言葉で、それを私の敬愛する今は亡き山本夏彦さんが引用したものを、あまりにカッコよいのでちゃっかり再引用したものである」と、あとがきに書いている。

七世代の物語——『百年の孤独』

コロンビアの作家ガルシア＝マルケスの代表作『百年の孤独』（新潮社）。のちにノーベル文学賞を受賞する作者のこの本は、蜃気楼《しんきろう》の村マコンドの開拓、隆盛、衰退、そしてついには密林に呑み込まれ、その密林さえも土埃《つちぼこり》となるまでの百年にわたる七世代の物語である。

村の開拓者一族ブエンディア家の、一人からまた一人へと受け継がれる運命にあった孤独、そしてその孤独が絶望と野望、苦悶と悦楽、現実と幻想、死と生など人間であることの葛藤を呑み込んでいく……。

世界各国でベストセラーになり、ラテンアメリカ文学ブームを巻き起こした。この本がその後の小説世界をどれほど変えたか。幻想的な出来事や登場人物たちとともに描いたこの作品の手法は「マジックリアリズム」（魔術的リアリズム）と呼ばれ、世界じゅうに大きな衝撃を与えた。

マジックリアリズムとは、現実をありのままに書くのではなく、非現実的なことを書くことでありのままを描くという手法。この手法がその後の小説に連綿と影響を与えたのである。

余談であるが、『百年の孤独』はあまりにもインパクトがあったためか、日本の焼酎の銘柄にもなっている。醸造元によると「焼酎もラテンアメリカも、文明に駆逐《くちく》されていく運命が似ている」気がして、「百年の孤独」という名前にしたそうである。

ガルシア＝マルケスは『物語の作り方―ガルシア＝マルケスのシナリオ教室』（岩波書店）のなかで、次のように書いている。

「わたしは物心がつきはじめた頃からいろいろな話を聞かされて育ったんだが、そうした話のうちの半分は母親から聞かされたものだ。母は現在八十七歳になっているが、文学論や物語の技法といったことをまったく知らないのに、（略）話の流れとまったく関係のない人物を登場させ、その後その人物に触れずに知らん顔をして話を進めた。（略）その話を聞いてわたしは、普通なら人が一生かけて学ぶはずの技巧を母はいったいどこで身につけたんだろうと不思議でならなかった。（略）ある日わたしは、自分が本当に好きなのはストーリーを語ることだと気づいたんだ。（略）わたしは何かを物語りたいという幸せな奇病《マニア》にかかっているんだ」（木村榮一訳）

ガルシア＝マルケスは「語り部」としての才能を母親から受け継いで、七世代にわたる家族の語り部となったのである。『百年の孤独』はいまだ文庫化されずに単行本で発売されているが、この本を読むだけでも二十世紀の文学とはこういうものだったということがわかる。だから、おそらく千年後もこの作品は残るだろうと思う。

最も偉大で最ももの悲しい物語――『ドン・キホーテ』

スペインの作家セルバンテスの『ドン・キホーテ』。岩波文庫版は前編三冊、後編三冊で、合計六冊。

『ドン・キホーテ』は、騎士道物語の読みすぎで現実と物語の区別がつかなくなり、自らを「遍歴の騎士」と任じるドン・キホーテと、「将来、島を手に入れたあかつきには統治をまかせる」というドン・キホーテの約束に魅《ひ》かれて従者として旅に同行する農夫のサンチョ・パンサの冒険の物語である。

全六冊を読み終わったとき、ドン・キホーテと果てしない旅、気が遠くなるような旅をしたなというのが私の実感だった。それくらい私は『ドン・キホーテ』の持つ熱量に圧倒された。

物語の最後のほうで、ドン・キホーテは公爵夫人に出会い、彼女の城に招待される。公爵も公爵夫人も『ドン・キホーテ』の前編をすでに読んでいて（登場人物がすでに『ドン・キホーテ』前編を読んでいるというつくりになっている）、この滑稽《こっけい》な主従をからかってやろうと、さまざまないたずらを仕掛けた。そんな企みがあるとは知るよしもないドン・キホーテは、城で遍歴の騎士にふさわしい壮大な歓待を受けて感動する。

三度の旅のあと、故郷にもどるも、熱病に倒れて、それが幸いして正気をとりもどすが、やがて死んでしまう。

ドストエフスキーは『作家の日記』（ちくま学芸文庫）で、『ドン・キホーテ』は人類の天才によってつくられたあらゆる書物のなかで最も偉大で最ももの悲しい書物であると評した。

詩人のハイネは『ドン・キホーテ』について、次のように書いている。

「それまでの騎士小説は、中世の叙事詩を散文に改作したものであって、超現実的な空想の産物か、黄金の拍車を着けた騎馬の人で、民衆の痕跡などどこにもありはしなかった。セルバンテスは、最もばからしい退化を遂げたこの種の騎士小説を、『ドン・キホーテ』によって打ち倒したのである。セルバンテスは、騎士小説に低い階級の迫真的な描写を導入し、民衆の生活を混入することによって、『近代小説を始祖した』のである」（『ドイツ・ロマン派全集16　ハイネ』石川實訳より抜粋）

当時のスペインは、軍事力とキリスト教化による世界征服を夢見て戦争をくり返したものの、黄金期を過ぎて衰えつつあった。セルバンテスも、下級貴族の出でありながら、戦争に従軍して捕虜になったり、罪を犯して投獄されるなど、多くの失敗や苦労を経て、投獄中に得た構想をもとに『ドン・キホーテ』を書いたという。ドン・キホーテという「熱くて滑稽な」キャラクターは、かつてスペインの隆盛を「熱く信じた」セルバンテスそのものだったのかもしれない。

作者のセルバンテスが死んだのは一六一六年。奇《く》しくも同じ年に死んだシェイクスピアは『ドン・キホーテ』を読んでいたという。

同時代にセルバンテスとシェイクスピアという二人の天才が並び立っていた。一六一六年といえば徳川家康が死んだ年でもあるが、江戸時代の初期にセルバンテスとシェイクスピアはそんなすごい仕事をしていたのである。もちろん、日本にも、それよりずっと前の平安時代に書かれた『源氏物語』などの偉業があるが。

私たちは四百年前に書かれた『ドン・キホーテ』が今もなお読めることに感謝しなければならない。しかも、ディケンズ、フローベール、メルヴィル、ドストエフスキー、ジョイス、ボルヘスらも『ドン・キホーテ』に影響を受けたというから、私たちは二重に恩恵を受けているのである。

アルゼンチン出身の作家ホルヘ・ルイス・ボルヘスは、五〇〇〇冊を超える父の書庫に幼いころから出入りして、『ドン・キホーテ』や『千夜一夜物語』（岩波文庫。バートン版、ちくま文庫）などを読んでいたそうである。『ドン・キホーテ』なくしては、ボルヘスの代表作『伝奇集』（岩波文庫）は読めなかったかもしれないのである。

『ドン・キホーテ』もぜひ読んでほしい一冊である。

偉人伝を読む

かつては、伝記シリーズが小学生に人気があった。

野口英世はほぼ独学で医師となり、黄熱病の研究中に自身も罹患《りかん》してアフリカで亡くなった。ノーベルはダイナマイトの開発で巨万の富を築き、遺産を「ノーベル賞」の創設に充てた。ガンディーは「非暴力、不服従」によってイギリスからの独立運動を指導した。ほかにもエジソン、キュリー夫人、ナイチンゲール、良寛、源義経、牧野富太郎など、いわゆる偉人伝、伝記からはかけがえのない偉人の人生を知ることができる。私も小学生のころに、こうした偉人伝を片っ端から読んだ。

だから、伝記ものは小学生なら必ずと言っていいほど通過する読書コースだと思っていたら、最近はそうではないらしい。たしかに伝記は立身出世の物語であったり、英雄の物語であったりするから、それをモデルにして生きることは、自分を見失うことになりかねない。しかし、憧れをもって生きることは活力になる。

ニーチェは『ツァラトゥストラ』のなかで、「君は君の友のために、自分をどんなに美しく装っても、装いすぎるということはないのだ。なぜなら、君は友にとって、超人を目ざして飛ぶ一本の矢、憧れの熱意であるべきだから」（中公文庫、手塚富雄訳）と書いた。

伝記になるような、才能もエネルギーも並外れた偉人は、ニーチェの表現を借りれば、「一本の矢になって超人を目ざして飛んで超人になった」のである。

伝記の作品としてのレベルにもよるが、私は偉人の伝記を小学生のときに読むことは、プラス面のほうが大きいと考えている。

自分だけの幸せではなく、まわりの人のため、社会のため、あるいは世界のために自分をなげうってでも尽くすという生き方は、ゲームやテレビではなかなか吸収しにくい生き方である。まっすぐに道を追求した生き方のモデルを何種類も心の中に組み入れておくことは、倫理観を子どもに持たせるためにも意義のあることだと私は考える。

だから、「いつも偉人を心の中に！」と言いたい。偉人がどれだけ心に住んでいるかによって、その人の大きさが決まってくる。心の中に住んでいる偉人たちが後押ししてくれているような気持ちがする。偉人伝にもう一度スポットライトを当てたい。

芋づる式に読む――『レーニン全集』

本を読んでいると、参考文献や注釈に記載された本が面白そうだと思って、芋づる式に読むことがある。

『レーニン全集』（大月書店、マルクス＝レーニン主義研究所訳）の第三十一巻も、そんなふうにして私の目にとまった一冊である。

私はマルクス主義もレーニン主義も信奉していないが、一九二〇年に開かれたロシア共産党モスクワ組織の活動分子の会合でのレーニンの演説には驚かされた。

「政治的考慮という見地から見た（略）利権問題の基本的な点は、（略）われわれにとって今後長く、全世界で社会主義が最後的に勝利する日まで、基本的な準則であるような準則である。すなわち二つの帝国主義のあいだの、二つの資本主義的国家群のあいだの対立と矛盾を利用し、彼らをたがいにけしかけるべきだということである」

「こんにちの資本主義世界には、利用すべき根本的対立があるであろうか？　三つの基本的な対立がある。私はそれをあげてみよう。第一の、われわれにもっとも近い対立――それは、日本とアメリカの関係である。両者のあいだには戦争が準備されている。両者は、（略）太平洋の両岸で平和的に共存することができない。（略）戦争が準備されつつあること、それが避けられないということ、このことには疑いの余地はない」

資本主義国の大国どうしを戦争させて、両国が疲弊したところで社会主義革命を起こすのがいちばんいいやり方で、その一つが日米であると説いている。日米が開戦した一九四一年からさかのぼること二十年前に、日米戦争が不可避だと読み切り、それを利用しようとしていたことに驚かされる。

レーニンはこの演説の四年後に亡くなるが、レーニンの「予言」どおりに日米戦争が起こった。当時の日本の指導者たちはレーニンの指摘を知っていたのだろうか。

ちゃんと研究をしていれば、日米戦争によってどの国が利するかがわかったわけで、ソ連による北方領土侵攻・占拠はなかったかもしれない。

原爆投下後にソビエトが参戦したのはずるいと言われるが、このように計画的であったことを、終戦になってから気がついた。終戦になってから、日米は手を組んで防共政策に大きく転換したが、遅きに失した。情報収集ができていれば、日本の命運が大きく変わっていた可能性がある。

芋づる式読書は、読書の対象を広げ、意外な発見をもたらしてくれる。

情緒に癒やされる――『古典落語』

大学に進学して東京で一人暮らしをしていた十代の終わりごろ、落語の情緒に癒やされた経験がある。あまり人と話さない日々がつづくなか、落語の名人全集をカセットで聴いていた。

カセットで聴くのはそれはそれでよかったのだが、落語の作品を手もとに活字として置いておきたいと思った。そうしたら興津要編の『古典落語』（講談社文庫）に行き当たった。全六巻のシリーズで、代表的な名作がほとんど入っていた。

『古典落語』を読んでいると、江戸の情緒に癒やされるし、暮らしぶりもわかる。正直者やだらしない人間などいろいろな人間が出てきて、ちょっとやらかしてくれたり、奉公している子どもが、お盆休みになるとようやく実家に帰省できるなど、今とちがって、昔は盆と正月しか休みがとれないのが当たり前のことだったことを知ったりした。

また、人情噺《ばなし》は、人間というものが温かいんだなということが、非常によくわかる。落語は、面白おかしいだけではなくて、人情の機微がわかるために最適なのである。

落語は言葉の芸術であり、しかも高尚なものではなくて庶民のもの。高座で落語家が語って、それをみんなが楽しんでいる。頭の中で同じようなイメージを共有しながら一緒に笑う。この空間のよさは落語ならではのものである。さらに、言葉と表情、そしてイントネーションというものがもたらす効果もある。

寄席や音源で落語を聴く、本で落語を読む。このセットで、落語の情緒に浸っていただきたい。

縁で読む――『宝島』

本に出合うにはタイミングというものがある。「縁で読む」というのもその一つである。

たとえば、青森に行ったら太宰治の作品を読むとか、石川県に行ったら西田幾多郎や室生犀星を読むというように、旅行などの縁で、その土地にかかわる作家、あるいはその土地にかかわるテーマの作品を読むというものである。

以前、書店のイベントで沖縄に行ったとき、その書店では『宝島』という本が非常に売れているという話を聞いた。『宝島』といっても有名なスティーヴンソンの子ども向け作品ではなく、真藤順丈《しんどうじゅんじょう》さんの小説『宝島』（講談社文庫）。タイトルの『宝島』は沖縄のこと。

私はこのとき沖縄に二泊したが、五五〇頁ほど（単行本で刊行時）の『宝島』を滞在中に読み終えてしまった。東京で読むよりは、沖縄の風に吹かれて沖縄の物語を読んだほうがいいだろうと考えたからである。沖縄との縁で読むことで、沖縄の気候や風土と一体になって記憶に残る。

この作品は直木賞を受賞したことで、それをきっかけに売れたということもあるが、返還前の沖縄を舞台にした物語ということも、売り上げ増の要因になっている。

『宝島』は、第二次世界大戦後の沖縄を舞台に、コザ暴動（一九七〇年、米兵が起こした人身事故をきっかけに住民が米国人車両や施設などを焼き払った事件）に至るまでの若者たちの青春を活写した長編である。

当時、沖縄には、米軍の施設から食糧や衣類、薬などを盗み出す「戦果アギヤー（戦果をあげる者）」と呼ばれる者たちがいた。

小説では、その筆頭格が二十歳の「オンちゃん」で、米軍を相手に連戦連勝の凄腕。盗んだものを貧しい人たちに分け与え、町では英雄として慕われる。

実際、盗んだ品々を売りさばいたり、貧乏な人に配ったりした戦果アギヤーは、戦後すぐの沖縄では英雄扱いだったという。そんな少年少女をめぐるさまざまな事件を織り込みながら話が進んでいく。

「こうして毎晩、アメリカーに吠え面《ほづら》をかかせて、命《ヌチ》びろいの宴会《ヌ・スージ》でくたくたになるまで踊ってさ、こいつの汗のにおいを嗅ぎながら眠る、それで言うことなしだけどねえ」

「だっておれたちは、命《ヌチ》がけの綱渡り《ヌ・カーキー》してるんだから、泥棒《ヌスル》の一等賞じゃっつまらん。アメリカーがのたうちまわるほど悔しがって、歯ぎしりして日本人《ヤマトンチュ》が羨ましがるような、故郷《シマ》にとっての本物の英雄になれるような勝負を張らんとな」

私たちはアメリカの基地から盗むというのは考えづらいが、実際にそういうことがあったのである。

「この世界には、いったん転がりはじめたら止められないものがあるさ。貧乏とか病気とか、暴動とか戦争とかさ。そういうだれにも止められないものに、待ったをかけられるのが英雄よ。この世の法則にあらがえるのが英雄よ」

嘉手納基地の強奪未遂事件をきっかけに、オンちゃんは消息を絶つ。グスク、レイ、ヤマコの三人は、オンちゃんを探しながらも、胸に思いを秘めて、それぞれの人生を歩んでいく……。

『宝島』からは、沖縄の気候、匂い、色、音、感触などを感じることができる。この小説は作者が沖縄出身ではないし、フィクションでもあるが、占領下の沖縄の歴史を学ぶこともできるし、沖縄の人たちの感覚に近づくこともできる。

余談だが、現地の人から、「ゆがふたぼーり」という言葉を教えてもらった。「『幸せが訪れますように』という意味ですので、先生、覚えてください」と言われた。「ゆがふたぼーり」の言葉とともに、そういえば沖縄に行ったときに『宝島』を読んだなと、くり返し思い出している。

アダム・スミスの別の側面――『道徳感情論』

「経済学の祖」アダム・スミスというと『国富論』がよく知られている。競争を促進することによって経済成長率を高め、豊かで強い国をつくるべきだ。個々人が利益を追求することは、社会に何ら利益をもたらさないように思えるが、個々人が利益を追求することで、社会全体の利益となる状況が「神の見えざる手」によって達成されると説いた。

しかし、倫理学者でもあるアダム・スミスは、無条件にそう考えたのではなかった。彼のもう一つの著書『道徳感情論』（講談社学術文庫、高哲男訳）に示された人間観が『国富論』の基調となっている。

『国富論』には人間は自己利益（利害）に動機づけられて行動する存在として描かれ、『道徳感情論』に書かれた倫理・道徳の問題は論じられていないのである。だから、『道徳感情論』を読まずして『国富論』だけを読むと、アダム・スミスの思想的基盤は理解できない。

一七五九年に出版された『道徳感情論』には次のように書かれている。

「いかに利己的であるように見えようと、人間本性のなかには、他人の運命に関心をもち、他人の幸福をかけがえのないものにするいくつかの推進力《プリンシプル》が含まれている」

このようにアダム・スミスは他人への「共感《シンパシー》」に言及する。

「これが他人の窮状に対する一体感《フェローフィーリング》の源泉であること、それが苦悩している人物との想像上の立場の交換によって引き起こされること、苦悩している人物が感じるものを我々が心に浮かべ、それに心を動かされたりするということ、これは（略）多くの明白な観察によって例証されていることである」

要するに、困っている人がいれば助けたいと思うのがふつうであり、それがこの世のルールの根底にあるはずだと主張した。

「もし彼が競争相手の誰かを押したり、投げ倒したりしたら、観察者の寛恕《かんじょ》は完全に尽きるだろう。それはフェアプレイの侵犯であり、誰も認めることができないことである。そのような人間は、観察者にとっては、どこから見てもフェアプレイの侵犯者も同然である」

ここで言う観察者とは、いわば公平な審判のような者である。

「自分の幸福を他人のそれよりずっと愛好するように導く自己愛を、観察者がくみ取ることはないし、競争相手を痛めつけようとする動機に、同調するはずがない」

公平な観察者を自分の中に持てば、自己愛が強すぎて自分の欲望だけを充たそうとし、他人から見たらやりすぎだと思えるようなことも、コントロールすることができる。それぞれが公平な観察者の目を持つことで、適合的な行為が是認され、非適合的な行為が否定される。そのことによって、社会的に是認された行為規範が生まれ、人々がそれを遵守する努力によって、徳のある社会が実現するのだと、アダム・スミスは説いた。

このように、新自由主義が言うところの自己責任論とは根本的に違う考え方がアダム・スミスによって主張されていることに、私たちは立ちもどって考えなければならない。

『道徳感情論』はこんな大事なことを主張している本なのに、あまり注目されていないのは残念でならない。

祝祭空間―プラトン『饗宴』

ギリシアの哲学者プラトンの『饗宴《きょうえん》』（新潮文庫）という本がある。

饗宴のなかで「エロスの神」（愛の神）を讃えようではないかとの提案がなされて、一堂に会した六人が酒杯を重ねつつ、それぞれが神話的な逸話や歴史的な逸話を織りまぜて演説を披露する。そして、最後がソクラテスの番であった。

「この神（愛の神《エーロス》）は、正義に加うるに、豊かな節制を持つ。というのも、節制とは、人も認めるように、さまざまの快楽愛欲を支配することにほかなりません。しかも、いかなる快楽とて、愛の神《エーロス》より強くない。愛の神《エーロス》より弱ければ、愛の神《エーロス》により支配もされましょう。愛の神《エーロス》は支配もしましょう。このように、愛の神《エーロス》は、さまざまな快楽を支配するゆえに、また、すぐれて節制をわきまえたものとなる

のです」（森進一訳）

ソクラテスは、エロスは肉体の美から精神の美へと、さらには美そのものへの渇望（フィロソフィア＝知恵の愛）にまで高まると説いた。

「饗宴＝シンポシオン」は「ともに飲む」というほどの意味で、今使われている「シンポジウム」のもとになった言葉である。

みんなで、ある楽しいテーマについて、飲みながら、食べながら、順々に演説して、自分の説を述べて、みんなが笑いながらそれを楽しむ。この『饗宴』は、アテネのいい雰囲気を伝えている。

そんな空気が二千五百年前のアテネにはあったわけで、それが当時の文化だったのである。『饗宴』は知的な向上心を持った人たちがみんなで飲み食いしながら楽しむという演説空間である。そういうものをみごとなかたちで記している特別な本なのである。

私たちは、プラトンがいてくれたおかげで、その知的な空間、最高の祝祭空間を味わうことができる。

時を超えて――『闘戦経』

兵法書といえば、「孫子の兵法」で知られる『孫子』が有名であるが、日本にも『闘戦経《とうせんきょう》』という兵法書がある。今から九百年前、平安時代末期に成立したとみられる日本最古の兵法書である。

「闘戦経は孫子と表裏《ひょうり》す」とされて、『孫子』の戦略や戦術を学ぶには『闘戦経』の兵としての精神や理念を学ぶことが重要であるとして、日本に古来から伝わる「武の知恵」と「和の精神」を説いた。

ただ勝てばいいというのではなく、どのように勝つか、さらに人生のあるべき道までをも説いた著者の大江匡房《まさふさ》は、『孫子』の言う「兵は詭道《きどう》」（戦いの基本は敵を欺《あざむ》くことにある）というスタイルは日本人には合わない面がある、「正々堂々と闘う」ことこそが日本人の闘い方なのだと説いた。

中国発の『孫子』は日本人によく知られているが、九百年前に書かれた日本発の『闘戦経』を知る日本人は少ない。そこで私は、『日本最古の兵書「闘戦経」

に学ぶ日本人の闘い方』（致知出版社）という解説書を書いたことがある。『闘戦経』にこんな一節がある。「金《きん》は金たるを知る。土は土たるを知る。即《すなわ》ち金は金たることを為す。土は土たることを為す。ここに天地の道は純一《じゅんいつ》を宝と為すことを知る」

意訳すると、「金は金としてなすべきことをし、土は土としてなすべきことをする。つまり金と土は同じ資質を持っているわけではないし、同じことをやる必要もない。天地の道は純粋にして一途《いちず》であることが何よりも大切なのだ」となる。つまり「あなたは自分の得意技に徹しているか」という問いなのである。

私は、平安時代の終わりにこれほど精神性の高い兵法書が書かれたこと、そして九百年以上の時を超えてそれを読めることに感動している。

奔流――太宰治『燈籠』、湊かなえ『告白』

先に太宰治の『駈込み訴え』をとりあげたが、『燈籠』（『きりぎりす』新潮文庫所収）という短編も、女性独白体という独自の文体で面白い。

主人公は貧しい下駄屋の一人娘で、一目惚れした年下の学生（孤児）のために、海水着を万引きしてしまう（この学生は友だちと海へ行くのに水着が買えなくてしおれていた）。罪を犯してしまった心境が女性の語り口調で語られていく。

「言えば言うほど、人は私を信じて呉《く》れません。逢うひと、逢うひと、みんな私を警戒いたします。ただ、なつかしく、顔を見たくて訪ねていっても、なにしに来たというような目つきでもって迎えて呉れます。たまらない思いでございます。もう、どこへも行きたくなくなりました。すぐちかくのお湯屋へ行くのにも、きっと日暮をえらんでまいります。誰にも顔を見られたくないのです」

こんなふうにはじまると、たちまち引きずり込まれて、これは読むしかないという感じになる。主人公はこんなふうに訴える。

「私を牢へいれては、いけません。私は悪くないのです。私は二十四になります。二十四年間、私は親孝行いたしました。父と母に、大事に大事に仕えて来ました。私は、何が悪いのです。私は、ひとさまから、うしろ指ひとつさされたことがございません」

盗みをした心情が奔流となって語られる。

まるで主人公が太宰に憑依したかのように語られると、主人公が目の前で語っているように思えてくる。これが作家の才能というものだと思う。

湊かなえさんの『告白』（双葉文庫）もそうである。読むと、本当に怖くなってしまう。

「ほとんどの人たちは、他人から賞賛されたいという願望を少なからず持っているのではないでしょうか。しかし、良いことや、立派なことをするのは大変です。では、一番簡単な方法は何か。悪いことをした人を責めればいいのです。それでも、一番最初に糾弾する人、糾弾の先頭に立つ人は相当な勇気が必要だと思います。立ちあがるのは、自分だけかもしれないのですから。でも、糾弾した誰かに追随することはとても簡単です。自分の理念など必要なく、自分も自分も、と言っていればいいのですから」

六章で構成されていて、各章でそれぞれが一人称で事件について「告白」していく。進行するにつれて、それぞれの視点から真実が明らかになっていく。

言葉が生命を持っているかのように、読めば読むほど怖くなって、引きずり込まれていく。肉体性を持った言葉の力がこの本にもあふれている。

言文一致――『怪談 牡丹燈籠』

『怪談 牡丹燈籠《ぼたんとうろう》』（岩波文庫）は、三遊亭円朝が二十五歳のときに書いた落語の噺《はなし》である。焦がれ死にした旗本の娘のお露《つゆ》の幽霊が、足がないはずなのに「カランコロン」と駒下駄《こまげた》の音を響かせ、夜ごと恋人の新三郎の元へ通うという有名な怪談噺である。

「駒下駄の音高くカランコロンカランコロンとするから、新三郎は心のうちで、ソラ来たと小さくかたまり、額から腮《あご》へかけて膏汗《あぶらあせ》を流し、一生懸命一心不乱に雨宝陀羅尼経《うほうだらにきよう》を読誦していると、駒下駄の音が生垣《いけがき》の元でぱったり止《や》みましたから、新三郎は止《よ》せばいいに念仏を唱えながら蚊帳を出て、そっと戸の節穴《ふしあな》から覗いて見ると……」

日本で初めて速記を実用化した若林玵蔵《かんぞう》らが、円朝の高座で演じられたままを筆記した速記本（和綴じ本）が一八八四（明治十七）年に発売されるや大ベストセラーになった。言文一致運動に影響を与えたことでも知られている。

そもそも、落語は話芸である。それを速記によって文字に落とし込んだのだから、まさに言文一致（日常で用いられる話し言葉に近い口語体を用いて文章を書くこと）なのである。

言文一致小説のさきがけは、坪内逍遥《しょうよう》に刺激を受けた二葉亭四迷《ふたばていしめい》の『浮雲』などが知られているが、二葉亭四迷が『浮雲』を書く際には、円朝の速記本を参考にしたという。一説には、二葉亭四迷は坪内逍遥に「円朝の落語どおりに書いてみたらどうか」とアドバイスされたという。

「です・ます調」を用いた山田美妙《びみょう》も自作を「円朝の人情噺の筆記に修飾を加えたようなもの」と述べたそうである。

言文一致体は作家たちだけではなく、新聞や雑誌の記事でも試みられるようになり、速記による裁判の記録などでも積極的に言文一致体が取り入れられた。そして、明治の終わりごろには書き言葉として定着して、一般の文章にも大きな影響を与えるようになった。そのことを思うと、円朝が果たした役割は大きかったのである。

そもそも、話し言葉と書き言葉とはちがっていた。語彙もちがうし、文体もちがうものだったのが、明治時代に言文一致体として、両方が近づいてきたという経緯がある。

今は、話すように書くことが主流になっている。その人のしゃべり口調が残っているようなメールが面白いメールになる。ＳＮＳに至っては言うまでもない。話している口調をそのまま残すかたちで親しみを表す。ＩＴ技術の発達・普及にともなって書き言葉と話し言葉が限りなく近づいてきて、まるでしゃべっているように話し言葉で文字を打つことが当たり前になってきている。

話し言葉に近いかたちで書かれた言文一致体の源流に『怪談　牡丹燈籠』がある。文語文には文語文ならではの味わいがあるが、口語体で書かれた本を源流にさかのぼって読むのもいいものである。

本の形――単行本と文庫本、初版本と復刻本

今は情報が多すぎて相対化されてしまい、何がいいものなのか、重要なのかがわかりにくくなって、本というものは踏んではいけないんだよと教えられることすらもなくなってきた。それが現代である。

本を解体していく……帯を取る、カバーを取る、表紙を取る。ばらばらにしていくと、あたかも人格が解体されていくようで、だんだん踏んでもよくなってきてしまう。逆に、本文を綴じ、表紙をつけ、カバーをかぶせ、帯を巻く。この積み重ねが、あたかも著者の人格を形づくることになる。

文庫本はハンディで便利だが、人によっては単行本のほうがどっしりしていて、持ったときに実感があると言う人もいる。前にふれた梶井基次郎の檸檬の重さではないが、著者の人格の重みもそこに表れているからである。

初版本にこだわる人もいる。あるいは復刻本を好む人もいる。

私も宮沢賢治の『注文の多い料理店』『春と修羅』の初版の復刻本を買ったこ

とがある。

本物の初版は相当に高いと思われるが、復刻だとそれにくらべれば安価だし、初版本の一頁一頁を写真に撮って、そのデータをもとに印刷しているから、おそらく賢治がこうしたいと思った装丁や活字の組み方が再現されている。

だから、復刻本に接すると、宮沢賢治の魂がより感じられやすくなる。ちなみに、生前に出版された本は『注文の多い料理店』と『春と修羅』だけである。

ところが最近は、横書きの本も多くなってきて、いよいよ情報的な色合いが濃くなっている。縦組みで読んでいたときには「小説」として読んでいたが、同じ小説が横組みになると、「パソコンの解説書」でも読んでいる気分になってしまう。

おわりに

本が消費物のように扱われる時代。大量に刊行されて、読み終わったら、すぐに売りはらうのだから、いい値段で買い取ってもらえるように線は引かないようにする。そんな扱いになってきている。

服を傷めないようにきれいに着て、ネットで売る。それと同じように本もできるだけよごさないようにきれいに読んで、売りはらうとなると、本と服や靴とのあいだに区別がなくなってくる。

しかし、この本で一貫して述べてきたように、本は「モノ」とはちがうものである。

本には人格があり、読書によって自分のものにしてはじめて意味を持つ。そのためには自分の痕跡を残すぐらいに読んで、自分だけの本になってはじめて自分にとって食い込んでくるものになる。

これから電子書籍が増えていくのだろうか。場所も取らないし、拡大もできるので老眼の方にも便利であるし、検索もできる。

ただ、あまりに多くの本が電子書籍化されて、紙の本の割合が減ることになると、本を手に持つ実感からますます遠のいてしまう。

私はゲーテが好きで、ゲーテを自分の伯父のようにも感じている。しかし、ゲーテと私は時も場所もかけ離れている。こちらから積極的に読みに行かなければ、むこうからは来てくれない。訪ねていって話を聞く。

序章でも書いたが、著者の家の「門を叩く」というかまえがなければ、人格との出合いは起きない。

人格読書法を重ねていくと、本棚にその軌跡が残る。

小さな書棚でも一〇〇冊は入るから、自分の精神の糧になってくれた大切な本を、「わが生涯の一〇〇冊」として書棚に並べる。

精神生活というものは手に取ることができないものであるが、読んできた本を並べていくと、自分の精神はこんなふうな発展の仕方をしてきたのだなということとがわかると思う。人生の最後に、自分の精神の軌跡はこんなふうだったのかと本を通じて言えるような精神生活を送ってほしいと思う。

本を読むことで、私たちは確実に人格をつくっていくことができる。自らを成長させるために、ぜひ本の世界に浸っていただきたい。

【付】とりわけ踏んではいけない本155

【あ行】

1 『ああ玉杯に花うけて』（佐藤紅緑著、『少年倶楽部名作選』所収、講談社文芸文庫）

2 『愛するということ　新訳版』（エーリッヒ・フロム著、紀伊國屋書店、鈴木晶訳）

3 『アイヌ神謡集』（岩波文庫、知里幸惠編訳）

4 『アイヌ文化の基礎知識　増補・改訂』（草風館、アイヌ民族博物館監修、児島恭子増補・改訂版監修）

5 『赤毛のアン』（L・M・モンゴメリ著、集英社文庫、松本侑子訳）
6 『悪童日記』（アゴタ・クリストフ著、ハヤカワepi文庫、堀茂樹訳）
7 『嵐が丘』（E・ブロンテ著、新潮文庫、鴻巣友季子訳）
8 『ある明治人の記録　会津人柴五郎の遺書』（石光真人編著、中公新書）
9 『暗夜行路』（志賀直哉著、新潮文庫）
10 『いしぶみ　広島二中一年生　全滅の記録』（ポプラポケット文庫、広島テレビ放送編）
11 『インディアスの破壊についての簡潔な報告』（ラス・カサス著、岩波文庫、染田秀藤訳）
12 『裏切られた自由　フーバー大統領が語る第二次世界大戦の隠された歴史とその後遺症』（ハーバート・フーバー著、草思社・上下、ジョージ・H・

ナッシュ編、渡辺惣樹訳）

13 『江戸時代の教育』（R・P・ドーア著、岩波書店、松居弘道訳）

14 『エミール』（ルソー著、岩波文庫・上中下、今野一雄訳）

【か行】

15 『怪談　牡丹燈籠』（三遊亭円朝著、岩波文庫）

16 『駈込み訴え』（太宰治著、『走れメロス』新潮文庫所収）（太宰治の他の著作『燈籠』〔『きりぎりす』新潮文庫所収〕）

17 『金子みすゞ詩集』（金子みすゞ著、角川春樹事務所）

18 『ガルガンチュア物語』（フランソワ・ラブレー著、岩波文庫、渡辺一夫訳）

19 『監獄の誕生　監視と処罰』（ミシェル・フーコー著、新潮社、田村俶訳）

20 『完訳　ファーブル昆虫記』（ジャン＝アンリ・ファーブル著、集英社・全10巻〔各巻上下〕、奥本大三郎訳）
21 『共産党宣言』（マルクス、エンゲルス著、岩波文庫、大内兵衛・向坂逸郎訳）
22 『ギルガメシュ叙事詩』（ちくま学芸文庫、矢島文夫訳）（『ギルガメシュ叙事詩』をもとにした絵本三部作『ギルガメシュ王ものがたり』『ギルガメシュ王のたたかい』『ギルガメシュ王さいごの旅』〔ルドミラ・ゼーマン著、岩波書店、松野正子訳〕）
23 『金閣寺』（三島由紀夫著、新潮文庫）
24 『銀の匙』（中勘助著、岩波文庫）
25 『クシュラの奇跡　一四〇冊の絵本との日々』（ドロシー・バトラー著、のら書店、百々佑利子訳）

26 『グーテンベルクの銀河系　活字人間の形成』（M・マクルーハン著、みすず書房、森常治訳）

27 『黒い皮膚・白い仮面　新装版』（フランツ・ファノン著、みすず書房、海老坂武・加藤晴久訳）

28 『ゲーテとの対話』（エッカーマン著、岩波文庫・上中下、山下肇訳）

29 『言志四録』（佐藤一斎著、講談社学術文庫・全4冊、川上正光全訳注）

30 『源氏物語』（紫式部著、岩波文庫・全6冊、山岸徳平校注）（現代語訳に林望著『謹訳　源氏物語　改訂新修』〈祥伝社文庫・全10巻〉）

31 『獄中からの手紙』（ガンディー著、岩波文庫、森本達雄訳）

32 『こころ』（夏目漱石著、岩波文庫）

33 『古寺巡礼』（和辻哲郎著、岩波文庫）

34 『個人心理学講義　生きることの科学』（アルフレッド・アドラー著、アルフテ、岸見一郎訳）
35 『古典落語』（講談社学術文庫・全6巻、興津要編）
36 『ゴッホの手紙』（岩波文庫・上中下、硲伊之助訳）
37 『ことばが劈《ひら》かれるとき』（竹内敏晴著、ちくま文庫）
38 『コーラン』（岩波文庫・上中下、井筒俊彦訳）

【さ行】

39 『西郷南州遺訓』（西郷隆盛著、岩波文庫、山田済斎編集）
40 『サピエンス全史　文明の構造と人類の幸福　上下合本版』（ユヴァル・ノア・ハラリ著、河出書房新社、柴田裕之訳）
41 『山頭火句集』（種田山頭火著、ちくま文庫、村上護編）

42『史記』（司馬遷著、ちくま学芸文庫・全8巻、小竹文夫・小竹武夫訳）

43『死の家の記録』（ドストエフスキー著、新潮文庫、工藤精一郎訳）（ドストエフスキーの他の著作『悪霊』〔新潮文庫・上下、江川卓訳〕『カラマーゾフの兄弟』〔新潮文庫・上中下、原卓也訳〕『罪と罰』〔新潮文庫・上下、工藤精一郎訳〕）

44『司馬遷　史記の世界』（武田泰淳著、講談社文芸文庫）

45『渋江抽斎』（森鷗外著、岩波文庫）

46『シブミ』（トレヴェニアン著、ハヤカワ文庫NV・上下、菊池光訳）

47『資本論』（マルクス著、岩波文庫・全9冊、エンゲルス編、向坂逸郎訳）

48『シャネル　人生を語る』（ポール・モラン著、中公文庫、山田登世子訳）

49『ジャン・クリストフ』（ロマン・ロラン著、岩波文庫・全4冊、豊島与志

雄訳）
50 『自由への大いなる歩み　非暴力で闘った黒人たち』（M・L・キング著、岩波新書、雪山慶正訳）
51 『銃・病原菌・鉄』（ジャレド・ダイアモンド著、草思社文庫・上下、倉骨彰訳）
52 『出家とその弟子』（倉田百三著、新潮文庫）（倉田百三の他の著作『愛と認識との出発』〔岩波文庫〕）
53 『春琴抄』（谷崎潤一郎著、新潮文庫）
54 『正法眼蔵』（道元著、講談社学術文庫・全8巻、増谷文雄全訳注）
55 『正法眼蔵随聞記』（懐奘著、ちくま学芸文庫、水野弥穂子訳）
56 『常用字解』（白川静著、平凡社）

57 『職業としての政治』（マックス・ヴェーバー著、岩波文庫、脇圭平訳）（マックス・ヴェーバーの他の著作『社会主義』〔講談社学術文庫、濱島朗訳・解説〕）
58 『城』（フランツ・カフカ著、新潮文庫、前田敬作訳）
59 『新校訂 全訳注 葉隠』（講談社学術文庫・上中下、菅野覚明ほか訳注）（他に三島由紀夫著『葉隠入門』〔新潮文庫〕）
60 『人生の意味の心理学 新装版』（アルフレッド・アドラー著、アルテ、岸見一郎訳）
61 『新訂 孫子』（岩波文庫、金谷治訳注）
62 『新訂 福翁自伝』（福澤諭吉著、岩波文庫、富田正文校訂）
63 『新版・合本 三太郎の日記』（阿部次郎著、角川選書）

64 『新編　教えるということ』(大村はま著、ちくま学芸文庫)
65 『新編　綴方教室』(豊田正子著、岩波文庫、山住正己編)
66 『新編　日本の面影』(ラフカディオ・ハーン著、角川ソフィア文庫、池田雅之訳)
67 『新訳　君主論』(マキアヴェリ著、中公文庫、池田廉訳)
68 『新訳　道は開ける』(D・カーネギー著、角川文庫、田内志文訳)
69 『神話の力』(ジョーゼフ・キャンベル、ビル・モイヤーズ著、ハヤカワ・ノンフィクション文庫、飛田茂雄訳)
70 『聖書　新共同訳』(日本聖書協会)(文語訳に『舊新約聖書　文語訳』(日本聖書協会))
71 『精神現象学』(G・W・F・ヘーゲル著、ちくま学芸文庫・上下、熊野純

彦訳）

72 『精神分析学入門』（フロイト著、中公文庫、懸田克躬訳）

73 『整体入門』（野口晴哉著、ちくま文庫）

74 『狭き門』（アンドレ・ジッド著、新潮文庫、山内義雄訳）

75 『一九八四年　新訳版』（ジョージ・オーウェル著、ハヤカワepi文庫、高橋和久訳）

76 『善の研究』（西田幾多郎著、講談社学術文庫、小坂国継全注釈）

77 『荘子』（荘子著、岩波文庫・全4巻、金谷治訳注）

78 『増補新訂版　アンネの日記』（アンネ・フランク著、文春文庫、深町眞理子訳）

79 『ソクラテス以前哲学者断片集』（岩波書店・全6冊、内山勝利編）

80 『ソクラテスの弁明・クリトン』（プラトン著、岩波文庫、久保勉訳）（プラトンの他の著作『饗宴』〔新潮文庫、森進一訳〕『国家』〔岩波文庫・上下、藤沢令夫訳〕）

81 『ソシュールの思想』（丸山圭三郎著、『丸山圭三郎著作集』第Ⅰ巻、岩波書店）

82 『存在の耐えられない軽さ』（ミラン・クンデラ著、集英社文庫、千野栄一訳）

【た行】

83 『大衆の反逆』（オルテガ・イ・ガセット著、ちくま学芸文庫、神吉敬三訳）

84 『高橋是清　立身の経路』（高橋是清著、日本図書センター）

85 『たけくらべ』（樋口一葉著、『にごりえ・たけくらべ』岩波文庫所収）

86 『竹取物語』（角川ソフィア文庫）

87 『タゴール詩集　ギーターンジャリ』（タゴール著、岩波文庫、渡辺照宏訳）

88 『橘曙覧全歌集』（橘曙覧著、岩波文庫、水島直文・橋本政宣編注）

89 『たとへば君　四十年の恋歌』（河野裕子・永田和宏著、文春文庫）

90 『ダライ・ラマ自伝』（ダライ・ラマ著、文春文庫、山際素男訳）

91 『歎異抄』（講談社学術文庫、梅原猛全訳注）

92 『知覚の現象学　1・2』（M・メルロー＝ポンティ著、みすず書房・全2冊、竹内芳郎ほか訳）

93 『父が子に語る世界歴史　新装版』（ジャワーハルラール・ネルー著、みすず書房・全8冊、大山聰訳）

94 『知の逆転』（ジャレド・ダイアモンドほか著、ＮＨＫ出版新書、吉成真由

美インタビュー・編)

95 『ツァラトゥストラ』(ニーチェ著、中公文庫、手塚富雄訳)

96 『つげ義春コレクション』(つげ義春著、ちくま文庫・全9冊)(つげ義春の他の著作『つげ義春日記』(講談社文芸文庫))

97 『デカメロン』(ボッカッチョ著、河出文庫・上中下、平川祐弘訳)

98 『デミアン』(ヘルマン・ヘッセ著、新潮文庫、高橋健二訳)

99 『道徳感情論』(アダム・スミス著、講談社学術文庫、高哲男訳)(アダム・スミスの他の著作『国富論』(岩波文庫・全4巻、水田洋監訳・杉山忠平訳))

100 『遠野物語・山の人生』(柳田國男著、岩波文庫)

101 『ドン・キホーテ』(セルバンテス著、岩波文庫・全6冊、牛島信明訳)

【な行】

102『中原中也詩集』（中原中也著、岩波文庫、大岡昇平編）
103『謎とき「罪と罰」』（江川卓著、新潮選書）
104『にあんちゃん』（安本末子著、角川文庫）
105『新美南吉童話集』（新美南吉著、岩波文庫、千葉俊二編）
106『ニコマコス倫理学』（アリストテレス著、岩波文庫・上下、高田三郎訳）
107『日本国語大辞典　第二版』（北原保雄著、小学館・全13巻＋別巻1冊）
108『日本人の美意識』（ドナルド・キーン著、中公文庫、金関寿夫訳）
109『ノートル＝ダム・ド・パリ』（ヴィクトル・ユゴー著、潮文庫、辻昶・松下和則訳）

【は行】

110『芭蕉の一句』（髙柳克弘著、ふらんす堂）

111 『バートン版　千夜一夜物語』（ちくま文庫・全11巻、大場正史訳）
112 『般若心経秘鍵』（空海著、角川ソフィア文庫、加藤精一編）
113 『百年の孤独』（G・ガルシア＝マルケス著、新潮社、鼓直訳）
114 『100万回生きたねこ』（佐野洋子著、講談社）
115 『ファスト&スロー　あなたの意思はどのように決まるか？』（ダニエル・カーネマン著、ハヤカワ・ノンフィクション文庫・上下、村井章子訳）
116 『風姿花伝』（世阿弥著、岩波文庫、野上豊一郎・西尾実校訂）
117 『武士道』（新渡戸稲造著、ワイド版岩波文庫、矢内原忠雄訳）
118 『復活』（トルストイ著、岩波文庫・上下、藤沼貴訳）（トルストイの他の著作『戦争と平和』（新潮文庫・全4冊、工藤精一郎訳））
119 『ブッダのことば　スッタニパータ』（岩波文庫、中村元訳）（他に『ブッダ

の真理のことば・感興のことば』〔岩波文庫、中村元訳〕

120 『フランクリン自伝』（ベンジャミン・フランクリン著、岩波文庫、松本慎一・西川正身訳）

121 『フリーダ・カーロ　痛みこそ、わが真実』（クリスティーナ・ビュリュス著、創元社〈「知の再発見」双書〉、堀尾真紀子監修・遠藤ゆかり訳）

122 『フロー体験入門　楽しみと創造の心理学』（M・チクセントミハイ著、世界思想社、大森弘訳）

123 『平家物語』（岩波文庫・全4冊、山下宏明・梶原正昭校注）

124 『方法序説』（デカルト著、岩波文庫、谷川多佳子訳）

125 『法華経』（岩波文庫・上中下、坂本幸男・岩本裕訳）

126 『ホモ・ルーデンス』（ホイジンガ著、中公文庫、高橋英夫訳）

【ま行】

127『枕草子』（清少納言著、岩波文庫、池田亀鑑校訂）
128『魔女』（ジュール・ミシュレ著、岩波文庫・上下、篠田浩一郎訳）
129『マネジメント』（P・F・ドラッカー著、ダイヤモンド社・上中下、上田惇生訳）
130『魔の山』（トーマス・マン著、新潮文庫、高橋義孝訳）
131『万葉集　全訳注原文付』（中西進著、講談社文庫・全4巻）
132『万葉の秀歌』（中西進著、ちくま学芸文庫）
133『夫婦善哉　正続 他十二篇』（織田作之助著、岩波文庫）
134『孟子　全訳注』（講談社学術文庫、宇野精一訳注）
135『もうすぐ絶滅するという紙の書物について』（ウンベルト・エーコ、ジャン

=クロード・カリエール著、阪急コミュニケーションズ、工藤妙子訳）

136 『物の本質について』（ルクレーティウス著、岩波文庫、樋口勝彦訳）

【や行】

137 『野生の思考』（クロード・レヴィ=ストロース著、みすず書房、大橋保夫訳）

138 『山の音』（川端康成著、新潮文庫）

139 『ユング自伝』（C・G・ユング著、ヤッフェ編、河合隼雄ほか訳）

140 『欲望という名の電車』（テネシー・ウィリアムズ著、新潮文庫、小田島雄志訳）

141 『与謝野晶子歌集』（与謝野晶子・自選、岩波文庫）

142 『吉田松陰』（徳富蘇峰著、岩波文庫）

143 『夜と霧　新版』（ヴィクトール・E・フランクル著、みすず書房、池田香代子訳）

【ら行】

144 『李白詩選』（岩波文庫、松浦友久編訳）

145 『良寛歌集』（良寛著、平凡社東洋文庫、入矢義高訳注）

146 『臨済録』（臨済述・慧然記、岩波文庫、入矢義高訳注）

147 『老子』（老子、岩波文庫、蜂屋邦夫訳注）

148 『論語』（孔子、ちくま文庫、齋藤孝訳）

149 『論語と算盤』（渋沢栄一著、角川ソフィア文庫）

【わ行】

150 『わがいのち月明に燃ゆ　一戦没学徒の手記』（林尹夫著、ちくま文庫）

151『若草物語』（L・M・オルコット著、光文社古典新訳文庫、麻生九美訳）
152『和漢朗詠集　現代語訳付き』（藤原公任編纂、角川ソフィア文庫、三木雅博訳注）
153『忘れられた日本人』（宮本常一著、岩波文庫）
154『私の個人主義』（夏目漱石著、講談社学術文庫）
155『わたしの生涯』（ヘレン・ケラー著、角川文庫、岩橋武夫訳）

＊本文でとりあげた本を一部含みます。
＊五十音順に並べてあります。
＊同じ本で複数の版元から刊行されている場合は、そのうちの一社を記載し、他は割愛しました。

＊ 本書は、二〇一九年に当社より刊行した著作を、追加修正の上、文庫化したものです。

草思社文庫

なぜ本を踏んではいけないのか

人格読書法のすすめ

2023年10月9日　第1刷発行

著　者　齋藤 孝

発行者　碇 高明

発行所　株式会社草思社

〒160-0022　東京都新宿区新宿1-10-1
電話　03(4580)7680(編集)
　　　03(4580)7676(営業)
　　　http://www.soshisha.com/

編集協力・本文組版　相内 亨

印刷所　中央精版印刷 株式会社

製本所　加藤製本 株式会社

本体表紙デザイン　間村俊一

ISBN978-4-7942-2684-6　Printed in Japan

ご意見・ご感想は、
こちらのフォームからお寄せください。
https://bit.ly/sss-kanso

草思社文庫既刊

齋藤 孝
人生練習帳

人生を後悔することなく生きていくには日頃から「練習」が必要だ。文豪やトップシンガーが紡ぎだす名言・名句をヒントに人生の予習復習を提案。人生の景色が明るくなる齋藤先生の人生論。

齋藤 孝
夏目漱石の人生を切り拓く言葉

「牛のように進め」「真面目とは真剣勝負のことだ」など、若き弟子たちに多くの意を尽くした励ましの言葉を贈った漱石の現代にも通用する人生の教え。**『夏目漱石の人生論　牛のようにずんずん進め』改題**

齋藤 孝
世界の見方が変わる50の概念

「パノプティコン」「ブリコラージュ」「身体知」「ノマド」など、著者が自分でもよく使う哲学用語、専門用語、いわゆる「概念」を分かりやすく解説、人生や社会の中でどう生かすかを教えてくれる。

思わず二人揃って、ひっっ、と息を呑む。

「なんだ？　俺の顔がどうかしたか？」

訝しむ青周に、二人は顔を見合わせ首を振った。

「なんでもありません。ところで三人ともこんな所で何をしているのですか？」

「散歩だ。白蓮、おまえこそ何をしているんだ？」

牽制し合うように身構える二人の肩に、かばっと太い腕が巻かれる。三人で肩組みをするような格好に青周と白蓮が顔を歪めるも、空燕に気にするそぶりはない。

「なあ、俺達もかまくらを作ろう‼」

残りの二人が顔を見合わせる。

「嫌だ‼」

声が揃ったことに、これまた二人揃って顔を顰めた。

「いいじゃないか。俺もあの中に入りたい」

「だから、俺を巻き込むなと何度言ったら分かるんだ？」

「お一人で作ってください！　私は仕事があります」

「いやいや、嘘をつけ。お前、今日休みだろ？　白衣を着ていないじゃないか」

目敏《めざと》いやつだと、白蓮は口の端を引き攣《つ》らせる。

「兄弟で作るからいいんだろう。護衛達が使った円匙《スコップ》もそこにある。持って来てやるから待っていろ‼」

ガチャガチャと揉《も》め始める三人を尻目に、明渓はひとり自分のかまくらに戻って行く。

（五月蝿《うるさ》い）

本を膝に置き、火鉢に炭を足す。

熱燗《あつかん》をする為にと、持って来ていた小さな鍋を火鉢の網の上に置き、葡萄酒をドボドボと注ぐ。その中に、酒のつまみと言って青周がくれた蜂蜜や香辛料を入れていく。

（温葡萄酒《ホットワイン》）

一度してみたかった。飲んで見たかった。

良い匂いが狭いかまくらの中に充満していく。

（そうだ、これも温めよう）

袂《たもと》から、ちぎったあとのある二色饅頭の野菜餡を取り出した。先程青周から貰った物だ。網の端に置いて温めることにする。足元を見れば、来る時に東宮から貰った酒に加え、葡萄酒に、洋酒に焼酎。酒の肴《さかな》も餅から乾酪と豊富だ。

全て、帝の息子達から送られた特級品ばかり。

「蓬莱《ほうらい》の玉の枝や燕《つばめ》の子安貝より、私はこっちの方が良いわ」

月のお姫様も案外悪くない、かも知れない。
たまにならば。
外からの喧騒《けんそう》と、くつくつと葡萄酒が煮える音。
それらに、本を捲る音が加わった。
明渓の休日がゆっくりと過ぎて行く。

《了》

一二三
文庫

愛読家、日々是好日《にちにちこれこうじつ》 2
～慎ましく、天衣無縫に後宮を駆け抜けます～

2023年8月4日　初版発行

著　者　　琴乃葉
発行人　　山崎　篤
発行・発売　株式会社一二三書房
〒101-0003
東京都千代田区一ツ橋 2-4-3 光文恒産ビル
03-3265-1881
https://www.hifumi.co.jp/
印刷所　　中央精版印刷株式会社

ISBN 978-4-8242-0005-1 C0193